DES LOIS
SUR LA GARANTIE
DES ANIMAUX.

DES LOIS
SUR LA GARANTIE
DES ANIMAUX,
OU
EXPOSE DES CAS REDHIBITOIRES,

Suivant le Droit ancien et moderne, avec un plan pour améliorer cette Législation; et une Instruction utile aux Propriétaires, aux Marchands de Chevaux, etc., pour reconnoître les cas qui peuvent entrer dans la garantie.

Par P. CHABERT, Directeur de l'Ecole Vétérinaire d'Alfort, de la Légion d'honneur, membre et associé de l'Institut national, de la Société d'Agriculture de Paris, etc.

Et C. M. F. FROMAGE, Professeur à l'Ecole Vétérinaire d'Alfort, membre associé de l'Athénée d'Alençon, et de la Société d'Agriculture et de Commerce de Caen.

Sit.... simplex duntaxat et unum. Horat.

DE L'IMPRIMERIE DE MARCHANT.

A PARIS,

Chez { Me. Huzard, imprimeur-libraire, rue de l'Eperon.
Rondonneau, libraire, place du Carrousel.

AN XII. — 1804.

4

INTRODUCTION.

Le commerce des animaux, celui des chevaux sur-tout, a donné lieu de tout temps à de fréquentes contestations.

Cette marchandise est en effet une des plus difficiles à connoître. Cependant n'est-il pas possible que ceux qui vendent, comme ceux qui achètent, soient mis dans des circonstances telles qu'ils ne puissent contracter généralement que de bonne foi ? Ne peut-on pas déterminer aussi des cas, qui feront cesser cette marchandise elle-même d'être loyale? Parce que la matière est délicate, seroit-ce une raison de ne pas l'asseoir sur des bases solides? La difficulté est de réunir des matériaux, et de poser des fondemens pour élever l'édifice.

Il n'y a pas encore un demi-siècle que la France créa la première ses deux Écoles Vétérinaires : il seroit intéressant qu'elle fût aussi la première à établir un plan exact de garantie pour les animaux.

Dans un moment où le législateur s'occupe des lois générales sur le commerce, ayant apperçu que la discussion de plusieurs points de l'art que nous professons pourroit être de quelque utilité, nous avons voulu lui présenter, comme fonctionnaires et comme citoyens, l'hommage de nos efforts ; quand il perfectionne l'ensemble, il ne dédaignera pas notre tentative sur une partie encore négligée : essayer fut notre devoir; nous l'acquittons en déposant notre tribut.

Nous laissons à prononcer si nous avons atteint les vérités utiles qui ont été l'objet de nos recherches. C'est l'amour de l'ordre qui nous a fait entreprendre ce travail : nous l'avons conçu, nous l'avons rédigé dans la sincérité de nos cœurs. Nous ne souhaitons pas qu'il soit accueilli par une approbation générale; nous savons que l'unité de sentimens est incompatible avec la nature humaine ; nous provoquons même la contradiction sur nos opinions, car nous serons très-satisfaits que l'on puisse s'arrêter à quelque chose de meilleur.

Cependant nous nous sommes proposé, beaucoup moins d'offrir des vues au législateur, que de recueillir des faits vétérinaires, que de mettre en évidence des abus qui l'intéressent. Nous avons tâché d'appliquer l'exactitude du raisonnement à une matière jusqu'ici décidée presque uniquement par les suffrages de l'ignorance et de la crédulité ; nous n'insistons que sur quelques observations qu'il nous a paru important de faire retentir jusqu'au sanctuaire des lois.

Nous nous félicitons d'avoir exécuté cet essai, sous les auspices du savant Ministre qui protége notre art, et dont la sollicitude fait prospérer notre établissement. C'est aussi pour nous une bien douce jouissance de l'offrir au Grand-Homme dont le génie et le dévouement excitent de plus en plus l'admiration de ses concitoyens, la confiance de nos alliés et la terreur de nos ennemis ; à celui qui n'accepte la guerre que pour faire triompher l'honneur national, et qui ne se charge du gouvernement que pour rendre les François heureux.

DES LOIS
SUR LA GARANTIE
DES ANIMAUX.

PREMIÈRE PARTIE.

LOIS QUI EXISTENT OU QUI ONT EXISTÉ SUR LA GARANTIE DES ANIMAUX.

CHAPITRE PREMIER.

ÉTAT ACTUEL DE LA JURISPRUDENCE EN FRANCE PAR RAPPORT AUX CAS RÉDHIBITOIRES DES ANIMAUX.

§. I.

Garantie de droit pour toute la France.

DANS plusieurs branches de commerce, il se rencontre quelquefois dans les marchandises des défauts que l'acheteur ne peut appercevoir au moment du marché.

Quand ces défauts sont considérables, on a pensé qu'il étoit juste que le vendeur en fût responsable ou garant. Les lois ou les usages sur cette matière constituent *la garantie*.

Le vendeur est obligé en conséquence, dans le commerce des animaux, de reprendre la chose et d'en rendre le prix : ce changement est la *rédhibition.* Le délai fixé pour demander la rédhibition est la *durée de la garantie*, et les cas sont nommés *cas rédhibitoires.*

Un arrêt du ci-devant Conseil d'état, du 16 juillet 1784, article 7, *fait défenses, à tous marchands de chevaux ou autres, de vendre, ou exposer en vente dans les foires et marchés, ou partout ailleurs, des chevaux ou bestiaux atteints ou suspectés de morve ou de maladies contagieuses.* Quelques personnes concluent de cette disposition de l'arrêt que la *morve*, le *farcin*, le *claveau*, le *charbon* et la *rage* doivent être des cas rédhibitoires pour toute la France, étant des maladies contagieuses; et par de bonnes raisons, mais qui sont étrangères à la lettre de la loi, elles ne mettent point la gale dans la même cathégorie.

Dans les diverses parties de la France, les cas rédhibitoires sont différens.

§. II.

Cas rédhibitoires à Paris.

La jurisprudence parisienne a admis comme tels, pour le cheval, l'âne et le mulet, *la pousse, la morve, la courbature, l'immobilité, la claudication de vieux mal*, si l'animal n'étoit pas boiteux au moment de la vente; le *tic* non appercevable à l'usure des dents.

Un arrêt du parlement de Paris, du 25 janvier 1781, *a ordonné que le sifflage ou cornage seroit aussi désormais au nombre des cas rédhibitoires.*

On assure qu'un cheval, qui refuseroit de se soumettre au service pour lequel il semble propre d'après sa conformation, seroit dans le cas d'être rendu au vendeur, à moins que l'acheteur ne l'eût essayé, ou, plus encore, qu'il ne l'eût employé à ce même service.

L'épilepsie ou *mal caduc*, et la *pommelière*, sont rédhibitoires, à Paris, pour les vaches seulement, suivant un arrêt de réglement du 14 juin 1721.

Les marchands forains sont garants, pendant neuf jours, de la mort de leurs *bœufs vendus aux bouchers* de Paris, suivant l'ordonnance de police du 14 avril 1769.

On prétend que les vaches vendues comme laitières, auxquelles les marchands, pour tromper les acheteurs, auroient laissé distendre les mamelles par le lait, et qui cependant n'en donneroient presque pas, seroient dans le cas de la rédhibition; mais sur plusieurs de ces points, on manque de règlemens ou de décisions de tribunaux que l'on puisse regarder comme règles.

Les statuts de la communauté des charcutiers de Paris ont mis, en 1755, titre XXIII article IV, la *ladrerie* des porcs au nombre des cas rédhibitoires.

Les délais pour former la demande en rédhibition sont, à Paris, de neuf jours; pour le tic dont on a parlé on n'accorde, dit-on, que 24 heures.

§. III.

Cas rédhibitoires dans les juridictions autres que celle de Paris.

On ne sait pas précisément quels sont les cas rédhibitoires admis pour les animaux dans la plupart des provinces. Le Coutumier général de Richebourg, quoiqu'il renferme environ soixante Coutumes générales, et environ trois cents Coutumes locales, n'en fait mention que dans deux ou trois Coutumes. (1) Voici tout ce que nous avons pu rassembler à cet égard.

Un arrêt de règlement, rendu le 30 janvier 1728, par le parlement de Rouen, n'admet pour

(1) Cet ouvrage est cependant encore incomplet : il ne contient pas les Coutumes des pays qui depuis ont été réunis à la France.

la Normandie que trois cas rédhibitoires, savoir, la *pousse*, la *morve*, et la *courbature*; le *cornage* ou *sifflage* y est ajouté depuis l'arrêt de 1781.

En Artois, les cas rédhibitoires sont de même la *pousse*, la *morve*, la *courbature*, le *cornage* et *sifflage*, suivant le règlement du conseil provincial et supérieur, du 12 janvier 1785.

La *ladrerie* est rédhibitoire dans l'Orléanois, en Bretagne, etc.

Mais c'est sur-tout dans la durée de la garantie, ou dans les délais accordés pour la rédhibition, que l'on trouve de grandes différences d'une juridiction à l'autre.

Le délai court du jour de la tradition ou livraison, avant ou après midi.

Dans les pays régis par la coutume du Bourbonnois (1) et dans ceux régis par la coutume de Sens, (2) la garantie est de 8 jours; à Genève, elle est aussi de huit jours.

---

(1) Coutume du pays et duché de Bourbonnois, chapitre 22.

Art. 87. Un vendeur de chevaux n'est tenu de vices, excepté morves, espousses, corbes et corbatures, sinon qu'il les ait vendus sains et nets : auquel cas il est tenu de tous vices latens et apparens, huit jours après la tradition.

(2) Coutume du Bailliage de Sens, titre 21.

Art. 160. Un vendeur de chevaux n'est tenu des vices

En Artois, suivant le règlement du conseil provincial du 12 février 1785, pour les moutons, c'est huit jours.

En Normandie, pour les vaches, suivant un arrêt du 19 juillet 1713, neuf jours.

En Artois, pour les chevaux, quinze jours.

En Bretagne, quinze jours.

En Artois, pour le mal caduc des vaches, trente jours.

En Normandie, pour les chevaux, suivant l'arrêt de réglement du parlement de Rouen du 30 janvier 1728, trente jours.

En Artois, suivant le même réglement de 1785, *pour vices de vaches, moutons et porcs qui ne se reconnoissent qu'à l'ouverture*, quarante jours.

A Cambrai (1) et à Péronne, quarante jours.

Dans l'Orléanois, suivant Pothier, quarante jours.

A Bar, quarante jours (2).

---

d'iceux, excepté de morve, pousse et courbature, sinon qu'il les ait vendus sains et nets; car en ce cas, il est tenu de tous vices apparens et non apparens.

(1) Coutume de Cambray, titre 21, *De rescision de Contrats.*

Art. 5. Un vendeur de chevaux n'est tenu à intérêts ou rescision de contrat pour vices, excepté de morve et pousses, en dedans 40 jours.

(2) Coutume de Bar, titre XIV, *de convenances et de contrats.*

Le réglement du conseil supérieur provincial d'Artois, dont il a été parlé, porte que, lorsque les vices rédhibitoires ne pourront être constatés dans l'étendue de la province, les délais seront augmentés d'un jour par dix lieues.

La demande en rédhibition doit être faite avant l'expiration du délai; cependant on a vu réussir à Paris une affaire dans laquelle, l'animal étant éloigné, et l'action ne pouvant être formée pendant la durée de la garantie, l'acquéreur, après avoir fait constater, dans le délai, le vice par un expert nommé d'office, forma la demande à son retour.

S'il y a eu déclaration d'un défaut devant témoins, ou que le vendeur en ait par écrit une reconnoissance de l'acheteur, il n'est plus rédhibitoire.

La mort de l'animal ne fait point cesser la faculté de la rédhibition.

§ IV.

De la garantie conventionnelle.

L'acheteur et le vendeur peuvent étendre, res-

Art. 204. Vendeur de chevaux n'est tenu d'autres vices que morve, pousse et courbatures, n'estoit qu'il les eût vendus sains et nets, auquel cas il est tenu de tous vices apparens et non apparens, et ce dedans quarante jours seulement après la vendition et délivrance.

treindre, ou même exclure la garantie d'usage, tant pour les cas que pour la durée. Mais les conditions qu'ils s'imposent dans leur convention doivent être arrêtées par écrit, à moins que le prix de la vente ne s'élevât qu'à 100 fr. La preuve par témoins n'est admise en aucune matière, quand il s'agit d'une plus forte somme.

Si le vendeur garantit l'animal *sain et net*, la rédhibition a lieu pour les défauts un peu considérables que l'acheteur n'auroit pas reconnus.

En stipulant un cas particulier de garantie, si l'on n'exclut pas les cas rédhibitoires d'usage, ils restent en vigueur dans la convention, suivant la coutume du lieu. Si l'on ne spécifie pas quelle sera la durée de la garantie conventionnelle, elle est aussi la même que le délai d'usage dans le lieu de la vente.

Quel que soit le mode de la vente, l'acheteur et le vendeur peuvent l'annuler de gré à gré. Après la rédhibition exercée en vertu de leur convention ou de l'usage, ils peuvent aussi contracter un nouveau marché; mais il n'est dans aucune ordonnance, aucun règlement, aucun usage, que l'acheteur puisse simplemement forcer le vendeur à lui rembourser ce qu'il a payé outre la valeur réelle de l'animal, c'est-à-dire *la moins-value* ou le *quanti minoris* de la loi romaine.

L'acte de *vente sans garantie* n'a point d'effet, lorsque le vendeur, connoissant les défauts de son animal, les dissimule au lieu de les déclarer : alors l'acheteur oppose à sa convention l'exception du dol.

§. V.

PROCÉDURE.

Mode et effets de la rédhibition.

A Paris, le tribunal de Commerce n'admet point de demande en rédhibition si le prix de la vente est au dessous de 50 francs à moins que le cas ne soit une maladie contagieuse ; mais les écarrisseurs ou excoriateurs sont exclus de la faveur de cette exception, parce qu'on suppose que l'animal leur a été vendu pour être tué.

Plusieurs animaux étant vendus collectivement, s'il s'en trouve un qui ait un cas rédhibitoire, le marché est résolu pour tous. Il en seroit autrement, si chaque animal avoit eu un prix distinct, et que le défaut ne fût pas de nature à se communiquer par la cohabitation. Cependant, si dans le marché collectif les animaux affectés de cas rédhibitoires ne sont que l'*accessoire*, et que leur valeur soit petite, comparativement avec l'objet *principal*, il n'y a point de rédhibition. C'est ainsi qu'un cheval poussif ne seroit pas une raison d'annuler la vente du terrain d'un haras et des chevaux qui le composent.

Il n'y a point de rédhibition pour les animaux vendus par autorité de justice; la vente s'est faite à l'enchère, et il est présumable que les animaux n'ont été vendus que ce qu'ils valent; les tribunaux ne peuvent avoir intention de tromper; une nouvelle enchère entraîneroit encore des frais; et on maintient la vente, sur-tout à cause du respect dû aux actes de l'autorité publique.

Pour obtenir la rédhibition, l'acheteur doit offrir l'animal, ou fournir des pièces authentiques pour établir qu'il a été saisi par la police, ou qu'il est péri sans sa faute. Le défaut doit être constaté par un expert, et l'acheteur est tenu à la remise des profits et des restes; tels seroient un poulain né depuis la convention, ou des harnois et ustensiles que la police n'auroit pas fait détruire.

Le vendeur doit le prix qu'il a reçu, l'intérêt de l'argent, les frais du marché, les dommages causés par l'animal; par exemple, le prix des animaux que la maladie rédhibitoire auroit infectés, les amendes payées, et les frais de désinfection.

Les frais de fourrière ne sont exigibles que du jour de l'action; le travail de l'animal est censé avoir égalé sa dépense avant qu'il fût déposé en fourrière. Dans tous les cas, la partie qui succombe doit les frais de fourrière, d'expertise, et de procédure.

CHAPITRE II.

DES LOIS ROMAINES SUR LA GARANTIE.

§ Ier.

Des cas rédhibitoires pour les animaux chez les Romains.

Celui qui vendoit un cheval étoit obligé de déclarer sincèrement les vices ou les maladies qu'il pouvoit avoir, et même de désigner en quoi ces vices ou ces maladies consistoient. Les chevaux qu'on présentoit au marché avec des harnois soignés, afin de les vendre plus avantageusement, devoient être livrés tout enharnachés.

Si ces conditions n'étoient pas remplies, l'acheteur avoit soixante jours pour demander que le marché fût cassé, ou que les harnois lui fussent livrés ; il avoit six mois pour demander la rédhibition, et une année entière pour demander que le vendeur lui tînt compte de la *moins-value* occasionnée par un vice ou une maladie.

Ce qu'on prescrivoit aux vendeurs, pour les chevaux, ils devoient aussi le faire pour toute espèce de bétail (1).

(1) *Æediles aiunt :* qui jumenta vendunt palàm rectè dicunto quid in quoque eorum morbi vitiique sit : uti quæ

On regardoit généralement comme vicieux le boeuf qui frappe de la corne, les mulets rétifs, les chevaux ombrageux, qui s'emportent, etc. (1).

Au reste, les motifs, les moyens de la rédhibition des animaux étoient les mêmes que pour les esclaves; si l'on ne détaille point les cas, c'est qu'ils étoient à-peu-près pareils (2).

---

optimè ornata vendendi causâ fuerint, ita emptoribus tradentur. Si quid ita factum non erit, de ornamentis restituendis, jumentisve ornamentorum nomine redhibendis, in diebus sexaginta: morbi autem, vitiive causâ inemptis faciendis, in sex mensibus, vel quo minoris, ... in anno judicium dabimus. Quæ de jumentorum sanitate diximus, de cætero quoque pecore omni venditores faciunto.

Ædilit. Edict. Digest. lib. XXI, tit. I *de redhibitione et quanti minoris.*

Sanxerunt Ædiles ut jumentorum quoque et cæterorum pecorum vitia palàm indicentur, et si quid contra factum sit, vel intra sex menses de redhibendo, vel intra annum quanti minoris agi possit. *Heineccii Pandect. Pars.* III, lib. XXI, tit. X.

(1) Bovem qui cornu petit, mulas quæ cessum dant, eaque jumenta quæ sine causâ turbantur, et semetipsa eripiunt, vitiosa esse plerique dicunt. *Paulus*, lib. I ad edictum ædilium curulium. Digest. lib. XXI, tit. I.

(2) Causa autem hujus edicti eadem est quæ mancipiorum redhibendorum; et ferè eadem sunt in his quæ in mancipiis, quod ad morbum vitiumve attinet. Quidquid

En

En conséquence, nous croyons devoir les rapporter, afin de faire rejaillir quelque lumière sur le sujet qui nous occupe.

§. II.

Des cas rédhibitoires pour les esclaves, suivant le Droit Romain.

Les cas rédhibitoires étoient des vices et des maladies. Nous allons d'abord exposer ceux qui peuvent s'appliquer aux animaux.

Les vices sont du corps, ou seulement affectent le caractère.

Les vices du caractère (*animi*) sont d'être fuyard, vagabond, méchant.

On regardoit comme fuyard (*fugitivus*) celui qui se cache dans l'intention de s'évader, qui s'échappe de propos délibéré de chez son maître, dans l'intention de ne pas revenir ;

Vagabond (*erro*), coureur, celui qui s'écarte, qui est errant ;

Méchant (*noxo*, *noxiosus*) celui qui se livre à des mouvemens capables de blesser.

Le seul vice du corps, rédhibitoire dans les esclaves, qu'on rencontre quelquefois dans les animaux, c'est d'être *cagneux* (*varus*) qui a les

---

igitur hic diximus hùc erit transferendum ; et si mortuum fuerit jumentum pari modo redhiberi poterit quemadmodum mancipium (*idem*).

genoux écartés, les pieds rapprochés, et quelquefois tournés en dedans; *panard* (*vatius valgus*) qui a les genoux rapprochés, les pieds écartés, et quelquefois tournés en dehors.

Les maladies étoient la gale, les dartres, les cors, les polypes, les varices, l'inflammation des amygdales, les goîtres, l'incontinence d'urine, la puanteur du corps ou seulement de l'haleine, la mélancolie.

Les dartres étoient nommées *impetigo*, maladie qui, disoit-on, dégénèroit promptement en gale ou en lèpre.

Les galeux étoient appelés *scabiosi* : on nommoit aussi *pruriginosi* ceux qui avoient ou la gale ou les dartres.

Le cor (*clavus*) est un durillon qui vient sur le pied, et qui cause de la douleur sur-tout en marchant.

Ceux qui avoient des excroissances de chairs dans les narines étoient nommés *polyposi*; des varices, *varicosi*, (dilatation des veines aux jambes); des goîtres, *gutturosi* (grosse tumeur froide à la gorge); la puanteur du corps, *hircosi*; la puanteur de la bouche (*oris fœtor*); l'inflammation des amygdales, (*tonsillarum inflammationes*), et l'incontinence d'urine (*qui urinam faciunt.*)

Ceux qui avoient la mélancolie étoient appelés *melancolici*; ils étoient, disoit-on, tourmentés par l'atrabile ou bile noire qu'on regardoit comme le sédiment du sang.

Il étoit encore d'autres cas rédhibitoires que l'on peut tantôt regarder comme des vices, tantôt comme des maladies.

C'étoit d'avoir la langue coupée, la vue courte, d'être sourd, boiteux, (*claudus*) bossu (*gibbosus*) crochu (*curvus*) eunuque (*spado*) ou de n'avoir qu'un testicule; dans la femelle, d'être stérile ou de ne produire que des morts, etc.

Enfin, il est une dernière classe de défauts, ce sont ceux qu'on ne peut appliquer aux animaux: tels que d'être manchot, menteur, muet, joueur, ivrogne, etc.

Tous les jurisconsultes n'étoient pas d'accord sur tous ces cas; ce qui fait voir qu'ils n'étoient pas bien fixés.

A Rome, le commerce des animaux étoit donc en grande partie assimilé à celui des esclaves.

Mais le droit romain ne parle nullement de la pousse, de la morve, de la courbature, cas si fameux dans les usages françois. Cependant la courbature, étant une maladie d'une espèce commune à tous les animaux, n'est pas nouvelle; la morve étoit aussi connue du temps des Romains; Vegèce a décrit une maladie qui paroît être celle-là (1). Elle étoit seulement moins fréquente, sans

---

(1) *Morbus humidus, malleus humidus, profluvium atticum*. Vegetii, Mulo-Medicina, lib. 1., chap. 3.

doute, à cause du climat plus favorable à la transpiration des animaux.

Quant à la pousse, il y a aussi des hommes poussifs en quelque sorte; car l'asthme est une maladie à peu près analogue; or, on ne s'est point avisé de dire que l'asthme soit une maladie nouvelle, inconnue par conséquent chez les Romains.

CHAPITRE III.

CAS RÉDHIBITOIRES EN EUROPE, DANS QUELQUES ÉTATS VOISINS DE LA FRANCE.

§. I.

Des cas rédhibitoires en Espagne.

« Toutes les fois qu'on peut prouver que la maladie qu'on reconnoît à un animal qu'on vient d'acheter, existoit avant la vente et a été palliée par le vendeur, on est en droit de faire reprendre l'animal vendu.

» Si un maréchal a présidé à l'emplette, et a choisi lui-même l'animal, il est responsable de tous les cas qui peuvent annuler la vente; et, outre le cas rédhibitoire pour lequel on réclame, on y joint toute maladie apparente qu'il n'auroit pas vue, et qui préjudicieroit au service de l'animal, ou à l'objet de sa destination. Cette loi est pour tous les animaux domestiques.

» On paye 15 francs au maréchal qui conseille, si l'animal est de prix. Dans le cas où le maréchal s'est trompé, qu'il existe un cas rédhibitoire et que celui-ci refuse de faire reprendre l'animal, on réunit l'avis de deux, trois ou quatre maréchaux; et les cas de cette nature se décident toujours sur-le-champ de cette manière.

» S'il est prouvé qu'il y a de la friponnerie, de la part du premier maréchal qui a conseillé, il est puni (1) ».

§ II.

De la garantie des chevaux à Genève; extrait des Edits civils, titre 21.

Art. Ier. Celui qui aura vendu un cheval *morveux* ou *poussif*, ou *courbatu*, sera obligé pendant huit jours de le reprendre, et d'en restituer le prix, s'il n'a déclaré ces vices à l'acheteur, lequel en cas qu'il ne trouve le vendeur, pourra protester contre lui en justice et faire visiter le cheval par experts.

II. Mais, sous prétexte d'autres vices, le vendeur ne pourra être obligé de le reprendre, s'il n'a caché ces vices par un dol évident.

III. Et, s'il y a procès à l'occasion de quelque vice, et que les parties fassent difficulté de reprendre ou retenir le cheval, il sera séquestré et vendu, si le procès ne peut être sommairement liquidé, afin que sa valeur ne soit consumée en

---

(1) Instructions Vétérinaires, année 1794, pag. 84.

frais, à moins que l'une des parties ne voulût s'en charger au prix qu'il sera estimé par experts qui auront examiné ses qualités ou vices prétendus (1).

CHAPITRE IV.

DE LA GARANTIE EN ALLEMAGNE.

§ Ier.

Garantie pour le Cheval.

En Saxe, et dans plusieurs endroits de l'Allemagne, il n'y a de rescision dans les ventes des chevaux que pour trois cas, qui sont : si le cheval est *aveugle* ou *galeux*, ou qu'il *ait l'habitude de reculer*; à ces trois défauts, cependant, on a coutume d'en ajouter un quatrième, qui est celui du cheval *jetteur* (2).

Comme, suivant le Droit Romain, on n'avoit pas besoin de prouver que le vice existoit au moment du marché, de même l'acheteur est dispensé de cette preuve, si le défaut se montre avant l'expiration des trois jours (3).

(1) Instructions Vétérinaires, année 1792, pag. 78.

(2) In Saxoniâ et multis Germaniæ locis venditio equi ob tria tantùm vitia rescinditur, ut putà si sit *retrogradus* equus, *cæcus*, *scabiosus*, quibus addi solet si *pituitotus*. Carpzow. Pars. II, Concil. 34, Defin 17.

(3) Porrò quum non modo vitium jure romano probandum est, et jam contractus tempore illo laborasse, ità

M. Frenzel, auteur allemand, a donné d'autres détails sur ces cas dans son *Manuel Pratique Vétérinaire* et *Economique*, publié à Léipzic, en 1797; en voici l'extrait (1).

Le droit germanique distingue, dit-il, les défauts des animaux, en ceux qui ont des signes extérieurs, et en ceux qui n'en ont pas. Il n'y a point pour ceux-là de garantie, suivant ce proverbe allemand: *Que celui qui ne veut pas ouvrir les yeux ouvre la bourse.* Pour les défauts qui n'ont pas de signes extérieurs, la rédhibition a lieu cependant lorsque le défaut s'oppose au service que l'acheteur a espéré de l'animal.

Les lois ont déterminé, pour le cheval certains défauts capitaux, en conséquence desquels le marché est annullé, et le vendeur doit rendre le prix, pourvu que ces défauts aient été reconnus dans le délai de la garantie. Il en seroit autrement, si l'acheteur avoit pris à sa charge tous les risques qui peuvent être postérieurs à la vente.

---

probatione supersedere potest in Germaniâ, emptor si intra triduúm emerserit vitium. Heineccii Elem. Juris. Germ., lib. 2, tit. 14, § 498, et Brunnemann ad, lib. 1, de hoc tit.

(1) Articles, *défauts des animaux; défauts capitaux; droit des Maquignons; délai.*

Voici des exemples des cas dans différentes contrées.

En Saxe, le vendeur est obligé de reprendre son cheval s'il a un des trois défauts capitaux, savoir : s'il est rétif, aveugle, ou courbatu (haartschlaechtig).

Suivant les statuts de Francfort, il y a lieu a rédhibition, si le cheval est volé, courbatu, morveux, rétif, ou poussif.

A Nuremberg, le vendeur doit garantir le cheval quatorze jours après la livraison pour la morve, la gale, et la courbature. Si le cheval est volé, et que le véritable propriétaire s'en fasse remettre en possession, le vendeur doit dédommager l'acheteur.

Suivant le droit de Lubeck, le vendeur est obligé de garantir ou de déclarer que le cheval n'est pas suspect de maladie, qu'il n'est pas rétif, fougueux (kollericht).

En Bohême et en Moravie, le vendeur est obligé de garantir ou de déclarer que le cheval est sa propriété (ou qu'il n'est point volé), qu'il n'a pas la courbature, l'angine, et qu'il n'est pas fougeux, morveux, rétif, ou gâté par de mauvai traitemens.

A Hesse-Darmstadt, la garantie comprend quatre cas, savoir : le cheval volé, fougueux; la morve, la courbature; et elle dure pendant quatre semaines.

En Brunswick-Lunébourg, les défauts capitaux et rédhibitoires sont la morve, la cécité, et la pousse. Le vol d'un cheval y est regardé avec raison comme un délit civil et non comme un défaut inhérent à la chose.

Le nouveau réglement des pays héréditaires d'Autriche, ordonne qu'il y aura rescision du marché si le cheval est poussif, morveux, farcineux, fougueux, ou volé.

L'ordonnance, dans le duché de Wirtemberg, prescrit la garantie pour la morve, soit cérébrale, y est-il dit, soit pulmonaire; pour toutes espèces d'emportemens, pour la gale, les fistules, le farcin auquel sont assimilés tous les ulcères incurables, par exemple les érosions chancreuses aux oreilles, aux mâchoires, au fourreau, aux mamelles; pour la pousse et pour la fluxion lunatique. La garantie dure, pour les cinq premiers cas, quatre semaines et trois jours, et, pour la fluxion périodique, huit semaines.

La durée de la garantie est de trente jours, en Autriche.

La morve, la courbature, et la gale sont rédhibitoires en Bavière.

Le dernier règlement de Saxe, du 29 mars 1790, fixe comme cas rédhibitoires la cécité, la fluxion lunatique, le cheval rétif, la morve, le farcin, la courbature, deux espèces d'emportement (tollen Koller, und lausch-Koller), la surdité, la gale et l'épilepsie. Le délai est de huit jours pour la cécité et le cheval rétif; de vingt-huit jours pour la fluxion lunatique, la courbature et la gale; de quarante-deux jours pour le farcin, la morve, les deux espèces d'emportement, la surdité et l'épilepsie,

§. II.

Garantie pour les bêtes à cornes.

On regarde comme défauts capitaux, 1°. le mal de cerf ou tétanos; 2°. *weheetaegig* (le mal quotidien); 3°. les fureurs utérines (*umlaufig*); 4° la pourriture du poumon, les tubercules, la mollesse du cœur ou la vésicule sous la langue. Pour le défaut, n°. 1, il y a deux mois de garanie; pour les autres, il y a quatre semaines et trois jours.

§. III.

Garantie pour les moutons.

Les défauts capitaux dans le mouton sont les dartres humides ou sèches, ou ce qu'on appelle entamures. La garantie est de deux semaines et un jour.

§. IV.

Garantie pour le cochon.

Les défauts capitaux, pour le cochon, sont la

pourriture du poumon et les hydatides ou la ladrerie. Il y a quatre semaines et trois jours de garantie.

§. V.

Garantie dans le Palatinat.

A Manheim et dans tout le Palatinat, suivant l'ordonnance pour les marchés d'animaux, les défauts capitaux, sont pour le cheval, 1°. la morve; 2°. l'épilepsie; 3°. la pousse; 4°. l'emportement, le défaut d'être rétif, la frénésie, la stupidité ou le vertige; 5°. les fistules; 6°. le vol.

Pour les bêtes à cornes, 1°. les perles, lentilles, tubercules, ou, comme on le dit communément, *le mal françois;* 2°. l'épilepsie; 3°. le poumon desséché et humide, ainsi que la pourriture de rate, seulement pour les bêtes maigres ou pour celles qui servent au joug; 4°. le vertige et la frénésie; 5°. le cancer et le ver ou *carie* des mâchoires; 6°. le vol.

La garantie dure quatre semaines et un jour, pour tous les cas; cependant elle est de six mois pour les *perles* ou tubercules, de manière pourtant que, si cette maladie est reconnue dans les premiers trois mois, le vendeur supporte seul la perte, et que, si elle ne l'est que dans les trois derniers mois, le vendeur et l'acheteur supportent la perte par moitié.

Ces détails, sur les cas rédhibitoires dans le Palatinat, nous ont été fournis par M. Esser, avocat de la chambre aulique à Manheim.

§. VI.

De la garantie en Prusse et en Italie.

Si un animal se trouve malade, dans les 24 heures après la tradition, il est présumable qu'il l'étoit déjà auparavant.

Cependant l'acheteur doit, sous peine de déchéance de son droit, prévenir assez tôt le vendeur, de la maladie qu'il remarque, pour qu'on puisse vérifier à quelle époque elle a commencé.

En cas de mort de l'animal dans les 24 heures après la tradition ou livraison, le vendeur est responsable, lorsqu'il ne peut être clairement démontré que la maladie n'a commencé qu'après la tradition.

Si la maladie de l'animal ne se déclare que dans les 24 heures après la tradition, le dommage tombe sur l'acheteur, lorsqu'il ne peut prouver que la maladie existoit déjà lors de la tradition.

Les chevaux qui, dans les quatre semaines après la tradition, se font remarquer pour être asthmatiques, poussifs, galeux, sujets à se cabrer, affligés de la goutte-sereine, lunatiques et morveux, sont présumés avoir été livrés tels et doivent être repris par le vendeur (1).

En Italie, suivant M. Frenzel, les défauts capitaux pour les chevaux et les ânes, sont la morve, la pousse, la fluxion lunatique, et la claudication de vieux mal.

---

(1) Extrait du code prussien.

A Naples, ce sont le tic, l'enclouure (vernagelung), la fièvre, et la langue coupée.

Nous avons cherché dans les lois anglaises celles de la garantie des animaux ; nous n'avons pu rien trouver qui annonçât même l'existence de cas rédhibitoires chez les anglais. On nous a assuré qu'en Angleterre, ainsi qu'en Hollande, il n'y a de cas rédhibitoires que ceux établis par des garanties conventionnelles.

CHAPITRE IV.

DES LOIS DES VISIGOTHS, DES BOURGUIGNONS, DE CHARLEMAGNE ; DES USAGES ÉCRITS OU NON ÉCRITS, ET DE LA JURISPRUDENCE DES ARRÊTS SUR LA GARANTIE DES ANIMAUX.

Espérant trouver les sources du droit françois sur la garantie des animaux, nous avons parcouru les codes de nos ancêtres, et des peuples leurs voisins, dont les lois ont influé en quelques points les unes sur les autres.

La loi des Visigoths est la première ; elle date de l'an 504 de l'ère vulgaire, suivant Lendenbrog qui assure qu'avant cette époque les institutions ne se conservoient que dans la mémoire des peuples et par l'usage (1).

(1) *Visigothorum leges ab Eurico rege (qui etiam Euridicus vel Theodoricus à nonnullis vocatur) Era DIII, compositas Isidorus Hispalens in chronico suo notat.* Sub

L'édit de Théodoric, la loi des Bourguignons, la loi Salique, ne citent point de cas rédhibitoires pour les animaux, non plus que les lois des Allemands, des Ripuairiens, des Saxons, des Anglois, des Lombards, etc.

On trouve seulement, dans l'édit de Théodoric un article qui porte que, si quelqu'un vend un esclave qui a coutume de fuir, qu'il ne le déclare pas, et que l'esclave vienne à s'évader, celui qui l'a vendu doit en rendre le prix, et payer les dommages que cette fuite aura causés (1).

On trouve dans les capitulaires de Charlemagne et de Louis-le-Pieux, une disposition générale qui porte que, dans toute vente d'esclaves et de toute espèce d'animaux, s'il y a un défaut, et qu'il soit prouvé que le vendeur l'a caché, le marché peut être annulé le premier, le deuxième et le troisième jour. Mais, si le vendeur a déclaré le défaut, ou qu'il puisse affirmer par serment qu'il l'ignoroit le jour de la vente, le marché subsiste (2).

---

hoc rege (Eurico) Gothi legum instituta scriptis habere cœperunt, nam antea tantùm moribus et consuetudine tenebantur. *Friderici Lendenbrogi prolegomena* in cod leg. antiq.

(1) Quicumque fugere solitum (servum) vendiderit ignoranti, si emptorem quoque fugerit, et prætium venditor reddat, et damna sarciat quæ per eumdem contingerint fugitivum. *Edictum. Theodorici regis caput*, 141.

(2) *De venditionibus vili pretio distractis vel vitiosis.* Placuit in venditione hanc formam servari, ut seu res,

Les cas rédhibitoires pour les animaux n'étoient donc pas fixés par les lois écrites, chez nos ancêtres. Ils pouvoient être déterminés dans la mémoire, comme plusieurs autres matières. La plupart des coutumes n'étoient pas écrites; c'étoient des usages qu'une pratique commune, plus ou moins étendue, avoit mis en vigueur.

Suivant Pomponius, les Lois Romaines avoient commencé de même (1). Ainsi les coutumes se conservoient chez nos pères, par tradition; les juges prononçoient dans chaque cas, d'après le témoignage de personnes choisies, prud'hommes ou vieillards, qui déclaroient quel étoit l'usage

---

seu mancipia, vel quodlibet genus animalium venumdetur nemo propterea venditionis firmitatem irrumpat, quod dicit se vili pretio vendidisse. Sed post quam factum est negotium, non sit mutatum nisi fortè vitium sibi à venditore cælatum invenerit. Si autem venditor dixerit vitium, stet emptio, et non sit immutata. Si autem non dixerit, mutare potest in illâ die et in aliâ sive in tertiâ die : et si amplius de tribus noctibus illis habuerit, postea non potest mutari, nisi, fortè eum invenire infra tres dies non poterit; tunc quando invenerit, recipiat, qui vitium vendidit : et si noluerit recipere, juret cum suis sacramentalibus quod vitium ibi nullum sciebat in illâ die quando negotium fecit, et stet factum. Karoli et Ludovici Pii capitula, lib 5, Capitul CCX.

(1) Loi 2, au Digeste, *de origine juris*.

cette manière de rendre la justice n'exigeoit aucune étude. Pour les points même où il y avoit des lois écrites, on étoit souvent obligé de ne rendre la justice que par mémoire : les invasions de territoire, les migrations, les guerres, amenoient trop souvent l'ignorance et, dans ces intervalles malheureux, d'épaisses ténèbres étouffoient les lumières, au point qu'on ne savoit plus généralement ni lire, ni écrire.

Le Droit Coutumier écrit n'est venu que dans des temps assez peu éloignés de nous. Les premiers essais datent du commencement du treizième siècle, et sont dus aux soins de Philippe Auguste, de Saint-Louis, de Geoffroi, de Thibault, etc.; mais c'est sur-tout par les efforts de Philippe IV, de Charles VII, et de leurs successeurs, que les Coutumes écrites se sont multipliées.

Charles VII, en 1445, après avoir presque entièrement chassé les Anglois de France, prescrivit de nouveau la rédaction des Coutumes, dans tous les bailliages; et cependant la première Coutume ne fut rédigée qu'en 1495, sous Charles VIII. C'est ce volumineux recueil que Richebourg a publié.

Peu à peu on revisa ces Coutumes, et elles furent rendues plus conformes à la bonne jurisprudence, et sur-tout au Droit romain.

Nous avons eu une autre source de Coutumes écrites, les jugemens des tribunaux, sur ces matières,

tières, ont fourni des décisions que la Jurisprudence a recueillies.

Mais c'est sur-tout dans la rédhibition des animaux que les décisions de ce genre ont mérité le reproche que leur fait Montesquieu, d'être souvent contradictoires, soit parce que les tribunaux ont eu des opinions différentes, ou parce qu'il est difficile qu'ils aient une opinion sur cette matière, soit parce que des affaires pareilles sont tantôt bien, tantôt mal défendues.

La Jurisprudence françoise, en cela, se compose donc aujourd'hui de quelques points du Droit romain usité dans nos provinces méridionales, de quelques coutumes, d'arrêts de réglemens, et enfin d'usages non écrits, mal établis, le tout assez peu raisonné, et sur-tout très-mal d'accord.

En ce qui est des usages non écrits, il y en avoit chez les Romains, même du temps de Justinien. Il les approuve et en exprime le caractère en les appelant *des Coutumes journalières, admises par le consentement de ceux qu'elles régissent et servant de supplément à la Loi* (1).

Mais si l'on compare les usages de la vie civile, répétés chaque jour, avec les cas souvent assez

(1) Diuturni mores consensu utentium comprobati legem imitantur.

rares qui donnent lieu à la rédhibition des animaux, quelle différence! Les uns sont à la portée du bon sens de tous les citoyens, et leur fréquence en fait répéter chaque jour l'approbation; les autres au contraire, sont rares et exigent des connoissances assez approfondies de l'économie animale. On trouve des juges avancés en âge qui ne se souviennent pas qu'on ait jamais formé de demande en rédhibition dans leur juridiction: comment pourroient-ils connoître l'usage? Il est d'ailleurs difficile de trouver des témoins pour attester un usage non écrit, dont les applications sont très-rares; il est sur-tout dangereux, si l'on veut innover ou lever une incertitude, de suivre l'avis d'un seul homme, et sur-tout d'un homme peu versé dans les connoissances physiologiques et pathologiques qui, en cela, doivent servir de flambeau au législateur.

Cependant, il n'y a qu'une vingtaine d'années (en 1781), un maréchal, consulté par le tribunal de Commerce de Paris, déclara que le *cornage* ou *sifflage* étoit un cas rédhibitoire pour les chevaux, et qu'il devoit l'être; et, sur ce témoignage, le Parlement, suivant les conclusions de la partie publique, rendit un arrêt portant que *dorénavant le cornage ou sifflage seroit rédhibitoire.*

A cause de cette incohérence des usages, on a proposé aux tribunaux de Commerce d'ordonner la rescision des marchés, toutes les fois qu'il y a dol évident, ou que l'animal vendu ne remplit pas le but de la vente. Mais ces dispositions seroient loin d'être assez précises. N'est-il donc pas possible de trouver un petit nombre de principes féconds pour établir la garantie des animaux, de manière que les détails en découlent, et qu'ils aient assez de liaison pour former un système ?

DEUXIÈME PARTIE.

RECHERCHES DE PRINCIPES POUR FONDER UN SYSTÈME DE GARANTIE.

CHAPITRE PREMIER.

MOTIFS DE LA RÉDHIBITION ET SES AVANTAGES.

DANS tous les marchés ordinaires, le vendeur est bien décidé à céder sa marchandise pour le prix qu'il consent; et, après le marché, son seul soin est de vérifier s'il reçoit de bonne monnoie; alors il a l'équivalent qu'il désire.

Dans le commerce des animaux sur-tout, la condition de l'acheteur est bien différente; un usage plus ou moins long, un service plus ou moins avantageux, ont donné au vendeur une entière connoissance des qualités de l'animal; l'acheteur au contraire n'a qu'un instant, et souvent peu de facilité pour faire son examen. Si c'est à l'écurie, on n'y voit pas pas bien clair; on apperçoit à peine les formes les plus intéressantes; les animaux sont pressés l'un sur l'autre; dans les foires et dans les marchés, les fait-on trotter quelques pas ? le coup-d'œil est gêné, croisé par des chevaux que d'autres marchands font trotter en même-temps ; ne soupçonnant pas qu'une partie soit affectée d'un défaut même considérable, on n'y fait pas attention séparément. Si le vendeur n'a point d'inquiétude sur l'argent qu'il a reçu, il s'en faut de beaucoup que l'acheteur puisse être dans la même sécurité, par rapport à l'animal qu'on lui livre.

Dans tel cheval, la maladie n'existe que par intervalles ; c'est l'*épilepsie* ou *mal caduc*, ou bien la *fluxion périodique*, ou même encore une *claudication* qui n'est bien sensible qu'après un certain temps de repos. Celui-là est attaqué d'une maladie contagieuse, et, peu de temps après qu'elle a été communiquée, le mal n'a point fait assez de progrès pour être appercevable ; tels sont, au commencement de la maladie, le *charbon*, le *claveau*, etc.

Les hommes de l'art les plus connoisseurs, fortifiés par la plus longue expérience, y faisant la plus grande attention, y seroient trompés souvent, puisqu'il n'y a point alors de symptômes. Ces cas réfutent l'opinion de Bornier et de Ranchin, qui prétendent que le Vétérinaire ne doit point jouir de la faculté de la rédhibition, parce qu'il est censé connoître tous les défauts des animaux.

Cette exclusion seroit plus raisonnable, quand

il s'agit de défauts qui échappent au commun des marchands, faute de connoissances suffisantes, ou faute d'assez d'attention : telles sont la pousse, la courbature, la ladrerie, la pommelière, la morve développée, etc.

Il est aussi des vices très-dangereux : c'est un cheval méchant, qui mord, qui rue, qui n'est traitable que pour une seule personne ; un autre est rétif, peureux, ombrageux, quand il est frappé de quelque chose d'extraordinaire ; il recule, il bondit de côté, au point d'exposer la vie de celui qui le mène. De tous ces cas, les uns rendent l'animal impropre au service, les autres l'exposent à être saisi par la police, et sacrifié pour raison de la sûreté publique ; d'autres enfin le rendent nuisible, et cependant tous ces défauts ne peuvent être reconnus pour tels, par ceux qui font ordinairement le commerce ; mais ils sont connus le plus souvent, ou soupçonnés du moins par les vendeurs. N'est-il pas juste qu'ils soient responsables de ceux qui existoient au moment de la vente ?

Un dernier fondement de la rédhibition c'est qu'il est dans l'opinion du vulgaire que certains vendeurs ont des moyens de cacher le mal, et de le faire disparoître au point qu'il n'est plus appercevable pendant un temps. De là est venue l'idée de la garantie ; elle semble plutôt une justice qu'une faveur envers l'acheteur.

Le délai lui donne le temps de connoître l'animal, et rend sa condition moins inégale, comparativement avec celle du vendeur.

La rédhibition existe donc, parce qu'il y a un défaut; mais quel défaut?

Les Lois romaines, dit Varron, engagent à garantir sains et sans défauts, tous les animaux que l'on vend; les chèvres néanmoins, ajoute-t-il, en sont exceptées, parce que la garantie n'auroit pu se faire sans fraude et sans mensonge, puisqu'elles ont toujours la fièvre (1).

Chez les Romains, on n'étoit donc pas plus exempt que chez nous, de voir les *dictons* de l'ignorance envahir l'opinion des gens instruits.

Le cri tremblant de la chèvre n'est point une raison de juger qu'elle a toujours la fièvre. De ce qui précède nous concluons que la garantie doit reposer sur les bases suivantes :

1°. Le défaut doit être réel.

2°. Il faut que le défaut soit grave, c'est-à-dire, qu'il réduise l'animal à une valeur beaucoup moindre; qu'il le fasse périr, le rende inutile, ou même nuisible, parce qu'il blessera ou infectera d'autres animaux, et que celui qui l'a en

---

(1) Animalium quoque venditor cavere debet ea sana præstari; capras sanas nemo sanus promittit; numquam enim sine febre sunt.

sa possession sera tenu de dommages beaucoup plus grands que son prix.

3°. Pour admettre un défaut à jouir de la rédhibition, ce défaut doit être caché, c'est-à-dire existant quelque temps sans se développer, ou bien étant un mal caractérisé par des accès sans aucuns signes dans les intervalles ; ou bien enfin, dans un sens moins rigoureux, ce défaut ne pouvant être reconnu que par ceux qui ont fait une étude approfondie de l'organisation des animaux.

La justice réclame comme quatrième condition que le défaut soit antérieur à la vente, ou bien, comme on le dit quelquefois, qu'il soit *du fait* du vendeur, du moins quant à sa cause.

Mais il est difficile de se procurer des écrits, des témoins, de réunir des faits qui prouvent cette préexistence. On a estimé le temps moyen que le mal est à se développer, en prenant pour base sa nature : cette détermination a dispensé de recourir à des preuves souvent impossibles ; mais cette base est-elle bien juste ? la même maladie, qui est lente à se développer dans un sujet, est extrêmement prompte dans un autre. Les maladies périodiques ont commencé, et ne se peut-il pas que le premier accès ne soit venu que depuis la vente ?

Les maladies réputées préexistantes aux ventes peuvent donc bien leur être postérieures.

Il n'est pas rare d'entendre des personnes prétendre qu'on doit regarder comme rédhibitoires des maladies, parce qu'elles sont contagieuses ou incurables ; mais leur motif manque de justesse : ces cas ne doivent jouir d'une garantie sérieuse, ou longue, que parce qu'ils sont latens, graves et antérieurs au marché.

Nous avons confondu les motifs de la garantie avec ses avantages, parce qu'il étoit nécessaire, pour l'ordre et la clarté, de supposer que cette jurisprudence atteignît son but.

Il peut sans doute arriver, une fois sur cent, qu'un vendeur et un acheteur contractent un marché, ignorant de part et d'autre que l'animal qui en est l'objet fût affecté d'un cas rédhibitoire ; mais le plus souvent que la chose est différente !

CHAPITRE II.

INCONVÉNIENS DE LA GARANTIE TELLE QU'ELLE EST.

Nous allons considérer sous trois points de vue les inconvéniens de la garantie ; 1°. par rapport à l'Acheteur ; 2°. par rapport au Vendeur ; 3°. par rapport à l'Etat.

§. I.

Inconvéniens de cette garantie, par rapport à l'acheteur.

Nous avons vu tous les motifs de la garantie se réunir pour favoriser l'acheteur. On n'apprendra donc pas sans quelque surprise que c'est lui sur-tout que la garantie actuelle rend dupe; car, pour quelques cas très-peu nombreux et assez rares où il a l'espoir du recours, à combien d'autres il s'expose sans ressource!

Qu'un animal ait un vice même rédhibitoire, un vendeur adroit ne se hâte pas moins de le garantir exempt de tout défaut de ce genre. Il accélère le marché, il affermit la confiance de l'acheteur, et tâche que ses soupçons ne s'éveillent pas. Celui-ci a souvent peu de connoissance, dans la partie et néglige même de consulter un expert; il ne s'apperçoit pas du défaut, dans la durée de la garantie, et le marché reste consommé. Quelquefois cependant il s'en apperçoit ou s'en fait instruire; mais, ne connoissant pas les formalités, le délai se passe, et le dol triomphe. Eh! que d'autres avantages les vendeurs retirent de la précipitation du marché!

Peu d'animaux sont dans les cas rédhibitoires; mais beaucoup sont lâches, indolens, sur-tout ruinés avant d'être adultes, et s'ils ont un certain embonpoint, on les vend avec facilité. Ils ont quelques agrémens au premier coup-d'œil; mais ils seroient rejetés, si on les montoit, si on les examinoit seulement pendant un quart d'heure, en se tenant en garde contre la séduction des yeux et des paroles.

Cependant on ne prend pas le temps de faire cet examen, et l'on contracte avec l'espérance que si l'animal ne vaut rien on le fera reprendre. Mais on est frustré; car souvent la bête, toute mauvaise qu'elle est, n'a pas de défauts rédhibitoires; on l'a seulement payée quatre ou cinq fois plus que sa valeur. Ainsi l'impossibilité de la rédhibition laisse l'acheteur chargé du résultat de sa négligence, après que c'est l'espoir de la rédhibition qui la lui a causée. La seule ressource qui lui reste est de changer vîte son état, en devenant vendeur ou en faisant une dupe à son tour.

§. II.

Inconvéniens de cette garantie pour le vendeur.

Dans la garantie, le vendeur ne laisse pas d'être aussi exposé.

Il faut quelquefois peu de temps pour détériorer les chevaux. Un assez grand nombre présente une constitution délicate; d'autres l'ont, sans en offrir l'apparence : un défaut de soin suffit pour leur faire contracter une maladie grave. Ils sont sortis des mains du vendeur, ils sont hors de sa surveillance, et cependant c'est souvent à lui que la garantie fait supporter les pertes causées par des accidens postérieurs aux ventes.

L'injustice est encore bien plus frappante, lorsque c'est à dessein que l'acheteur les rend malades, pour leur donner un défaut rédhibitoire.

Le marché quelquefois ne lui convient plus, peu de temps après qu'il est conclu : il veut le rompre; il se sert de différens prétextes pour se dispenser de l'exécuter. Il en est même qui achètent des chevaux pour s'en servir gratuitement pendant la durée de la garantie, et pour les rendre ensuite. Ils leur font faire une course de trois ou quatre jours, les exténuent, les accablent; puis les mettent en fourrière, commencent leurs poursuites, et ne leur donnent aucuns soins ; les chevaux contractent en peu de temps la morve et la courbature, etc.

On voit des rouliers acheter sciemment un cheval poussif, faire un voyage avec, et, à leur retour, obliger le vendeur à reprendre son animal. Ils ne payent point non plus d'indemnité pour l'usage. Dans les pays où le délai est de trente ou quarante jours, le temps favorable pour la vente se passe pendant le voyage, et le vendeur est victime de cette subtilité.

Mais il n'est pas même toujours nécessaire que l'animal soit affecté d'un défaut rédhibitoire réel; il suffit qu'il ait un défaut qui en impose.

L'acheteur présente donc l'animal avec une lésion qui offre l'apparence d'un mal rédhibitoire, et des experts ignorans n'hésitent pas de le déclarer affecté du cas que le trompeur a eu en vue.

Le cornage ou sifflage peut aussi se développer en peu d'heures. Un assez grand nombre de chevaux périt ainsi d'accidens qui sont du fait de l'acheteur, et c'est l'espoir de la rédhibition qui occasionne ces pertes.

Il est cruel pour le vendeur d'avoir à craindre dans un acheteur, autant la négligence que la mauvaise foi et les supercheries, justement reprochées à la plupart des marchands de chevaux ne peuvent-elles pas être excusées, jusqu'à un certain point, par la nécessité où ils sont de compenser les dommages qu'ils éprouvent par suite des espèces de priviléges accordés aux acheteurs ?

Quand la rédhibition a lieu par le seul vice de la chose, sans aucun dól de la part du vendeur, n'en résulte-t-il pas toujours pour lui une espèce de flétrissure, imprimée dans l'opinion de bien des gens qui jugent par un simple apperçu, que leur paresse empêche d'approfondir?

La marchandise est alors jugée réellement non loyale, et on voit l'opinion prononcer que le défaut de loyauté est aussi dans le marchand.

§. III.

Inconvéniens de cette garantie pour l'Etat.

Un homme délicat qui vient d'acheter un cheval affecté d'un défaut grave, mais non rédhibitoire, peut, sans blesser les lois, le revendre avec sécurité, et tromper une autre personne ; mais le peut-il sans manquer à sa conscience (1)? Bien loin de là ; quelquefois il n'y a de bonne foi ni d'une part, ni de l'autre. Le vendeur connoît le défaut ; l'acheteur feint de l'ignorer, conclut le marché pour un prix bien au dessous de la valeur apparente, et il se hâte aussi de tromper un acheteur. S'il n'est pas attaqué, il gagne beaucoup ; s'il voit qu'on va le poursuivre dans le délai et avec les formalités requises, il renvoie dans l'instant l'attaque à son vendeur qui est obligé de reprendre l'animal, et de lui en remettre le prix : il est donc sûr de ne rien perdre. Des

---

(1) Lex est justorum injustorumque distinctio ad illam antiquissimam et rerum omnium principem expressa naturam ad quam leges hominum diriguntur. Cicero de legib. Lib. 2, cap. 13.

deux chances, l'une ne lui est pas contraire, l'autre lui est entièrement favorable. Dans beaucoup d'endroits en France, il n'y a point encore de vétérinaires; il est même quelques lieux où des hommes sans étude, sans capacité reconnue, sont nommés experts, au préjudice des élèves des Ecoles. L'acte de ces prétendus experts, qui devroit montrer le cas rédhibitoire avec ses détails caractéristiques, n'en contient que le nom, et ils le donnent au cas qu'ils sont chargés de constater. Leur procès-verbal mérite réellement bien peu de confiance, et cependant le tribunal est réduit, ou consent à fonder son jugement sur une pièce de cette espèce.

Ceux qui élèvent des chevaux trouvent que les cas rédhibitoires ont quelque chose qui décourage. Les poulains n'en sont pas affectés quand on les achète : ils les contractent en grandissant; on devroit donc, disent-ils, ne pas charger les nourrisseurs d'une responsabilité qu'ils n'ont pu exercer contre les vendeurs primitifs : ils voudroient qu'il n'y eût point de cas rédhibitoires.

Dans les affaires qui ont la rédhibition pour objet, l'acheteur perd son cheval, et perd souvent de plus son procès. L'occasion fréquente des contestations entretient l'esprit de chicane, l'entêtement, la passion des plaideurs, qui fait quelquefois le malheur des familles, par des procédures ruineuses et interminables.

La procédure sur les chevaux corneurs, commencée à Paris, en 1780, dura trois années, et les frais excédèrent de plus de dix fois la valeur des chevaux. Il y a plusieurs exemples semblables.

Ne reconnoît-on pas un blasphême contre la législation, dans l'adage qui prétend que *dans le commerce des chevaux, il est permis de tromper son père;* et n'est-ce pas un scandale qui tient du sacrilége, que de voir souvent la chose exécutée dans l'occasion ?

La garantie actuelle est donc un moyen par lequel la tromperie se perpétue ; les chevaux affectés de défauts considérables passent en un instant dans les mains de vingt propriétaires, et ne valent pas la subsistance qu'ils consomment. L'Etat eût gagné du côté de la morale et de l'économie de ses denrées, si une marchandise aussi mauvaise eût péri au moment où elle entra dans le commerce. Cependant, il faut le dire à l'honneur du sol françois, les chevaux lâches, parasites, sont la plupart des productions étrangères, qu'un commerce impatriotique amène en France ; d'autres sont défectueux par les suites d'une éducation vicieuse, d'efforts au dessus de leurs forces avant l'âge ; la rédhibition telle qu'elle est, favorise donc la multiplication des mauvais chevaux, et nuit au commerce intérieur.

On dit que la garantie pour les maladies contagieuses empêche leur propagation. On ne verra donc

donc pas, sans quelque étonnement, qu'elle la favorise plutôt.

Nous avons vu que l'espérance de la rédhibition inspire la sécurité, et que cette sécurité fait qu'on n'examine pas assez l'animal, au moment de la vente. Il n'est pas surprenant que l'acheteur, en conséquence de sa négligence à examiner l'animal ou à consulter un homme de l'art, achète, emmène sans le savoir, une bête qui aura une maladie contagieuse. Nous avons remarqué aussi que, par une suite de cette ignorance, souvent il ne demande pas la rédhibition; le vendeur trouve donc ainsi son avantage, et c'est l'espérance de vendre ses bêtes affectées de cas rédhibitoires, qui porte le marchand à enfreindre les lois sur la défense de les exposer en vente.

Cependant le mal se communique dans les marchés, et une seule bête malade infecte toutes celles, au moins de son espèce, avec lesquelles elle cohabite chez l'acquéreur. Pendant les contestations le mal s'étend, parce qu'on néglige d'ordonner le sacrifice, et le public est exposé à des dangers graves pour de légers intérêts entre les particuliers.

S'il n'y avoit point de rédhibition pour les maladies contagieuses (du moins assez développées pour être appercevables lors de la vente), la contagion feroit beaucoup moins de progrès, parce que l'acheteur obligé d'examiner ou de faire examiner, n'accepteroit presque jamais que des bêtes saines; et que les vendeurs, sachant bien qu'ils ne trouveroient personne qui achetât, n'exposeroient plus ainsi des animaux en vente. On laisseroit d'ailleurs subsister contr'eux la confiscation et l'amende. Mais ceci est une matière qui mérite d'être traitée exprès, et sur laquelle nous ne devons point donner d'autres détails, pour ne pas nous écarter de notre objet unique.

Il nous suffit d'avoir prouvé aussi que la rédhibition n'est pas si efficace qu'on le croit pour empêcher la circulation des animaux infectés, et qu'elle porte quelquefois à propager la contagion loin de s'y opposer.

CHAPITRE III.

DE LA DURÉE DE LA GARANTIE, OU DU DÉLAI ACCORDÉ POUR LA RÉDHIBITION.

Nous avons examiné quels ont été les motifs de la rédhibition; donnons maintenant notre attention à ceux sur lesquels on a fondé la durée de la garantie.

Parmi les défauts permanens dans l'animal, il en est quelques uns qui sont difficiles à appercevoir pour l'homme qui n'est pas connoisseur; le but du délai accordé pour la rédhibition est de donner à cet acheteur le temps de voir les défauts qui n'ont pu frapper son premier coup-d'œil. Cependant, s'il est ignorant, il pourroit s'éclairer sur-le-champ en consultant un homme instruit : c'est donc à tort qu'on le protège, en lui donnant un long délai pour des cas bien développés, et qui n'ont point d'intervalles; tels sont la pousse et la courbature, etc.

Il est des maladies qui peuvent exister quant à leur principe dans l'animal, sans être assez développées pour être facilement appercevables. Le délai accordé pour les reconnoître favorise en effet l'acheteur, mais il peut être injuste envers le vendeur; car la garantie n'exige pas que le mal soit *prouvé existant* avant la vente, mais seulement elle admet en rédhibition le mal *censé antérieur*.

Or, ce défaut censé préexistant à la convention, lui est souvent postérieur, et n'est imputable qu'à la négligence et même quelquefois à la mauvaise foi de l'acheteur. On a vu que ce second motif, considéré dans ses rapports avec les deux contractans, ou dans ce qui précède et dans ce qui peut suivre la vente, est facilement ébranlé par une critique un peu sévère.

Venons au troisième motif. Beaucoup de vendeurs ont, dit-on, le pouvoir de suspendre les apparences de quelques maladies, et ils en dérobent ainsi la connoisance à l'acheteur : on doit donc,

*

ajoute-t on, lui accorder en conséquence un délai pour donner à ces maladies le temps de reparoître.

La discussion de la question de fait va bientôt éclaircir le point de droit.

Existe-t-il des moyens de cacher les maladies, ou d'en supprimer les symptômes pour un temps?

Le vulgaire avance cette croyance, et des hommes instruits ont la simplicité de l'admettre; quelques auteurs vétérinaires la répètent sans dire un mot des raisons qui la leur ont persuadée; et les jurisconsultes sont excusables de la prendre pour fondement dans quelques décisions. Mais examinons un peu: Si nous prêtons un moment l'oreille aux rapports de la crédulité, tel homme veut bien nous faire la confidence que l'on fait disparoître pour un temps la pousse, en faisant avaler une anguille vivante à un cheval; d'autres nous raconterons quelque absurdité non moins ridicule, et ajouteront quel nombre de jours est nécessaire pour que la maladie reparoisse; mais n'en soyons pas surpris; il étoit bien juste que l'ignorance qui avoit présidé à l'adoption des cas rédhibitoires, achevât son ouvrage en règlant les délais de la garantie.

Pour les auteurs, ils n'ont fait que copier le premier qui adopta cette opinion; et eux qui citent avec tant de complaisance les ruses des maquignons; eux qui veulent bien révéler tant de recettes médicinales diverses, n'ont cependant rien publié des prétendus moyens de pallier les maladies mises dans les cas rédhibitoires : la raison en est simple ; c'est qu'ils ne connoissoient point de palliatifs.

Il faut renvoyer leur opinion aux temps où l'on croyoit aux enchantemens et aux sortiléges, et leur accorder, sur ce point, la même confiance que celle qu'ils méritent, quand ils assurent gravement l'existence de lutins et d'esprits follets qui pansent les chevaux.

Les Ecoles vétérinaires ont essayé une infinité de moyens pour obtenir ces prétendus palliatifs ; il est peu de substances pharmaceutiques qui n'aient été mises en usage contre la morve sur-tout ; et les personnes instruites ne seront pas étonnées, quand nous leur dirons que tous les moyens qui ont eu quelque effet sont les mêmes que ceux dont l'emploi continué produit la guérison. Ils font diminuer les symptômes par degrés, et ne font point disparoître les maladies tout à coup, pour leur permettre de se remontrer avec un nouvel éclat, peu de temps après. Il n'y a point de palliatifs dans l'acception qu'on l'entend ici.

En un mot, il faut que le délai assigné par la loi à la garantie soit assez court, pour qu'un animal n'ait pas le temps de contracter une maladie rédhibitoire, par la seule influence des circonstances dans lesquelles l'acheteur le met ; et que ce même délai soit assez long pour que l'homme qui n'est pas instruit, mais qui est attentif, ou qui consulte un expert, s'apperçoive en temps utile des défauts de l'animal qu'il a acheté.

CHAPITRE IV.

PRINCIPES A AJOUTER A CEUX DE LA GARANTIE POUR ASSEOIR UN PLAN.

§. Ier.

La garantie doit être uniforme en France.

Les variétés des climats de la France ne causent que de légères différences dans les maladies des animaux nourris sur son sol. Par rapport à la législation, les vices et les maladies de la même espèce peuvent être considérés comme y ayant le même caractère; ce sont les mêmes causes, les mêmes symptômes, les mêmes suites, elles doivent donc donner lieu à la même action; et, si l'on admet la garantie elles doivent avoir la même durée sur tout le territoire françois. Le règlement étant général, celui qui souffrira une garantie pourra la réclamer pareille à son tour dans une juridiction différente.

La jurisprudence sera constante et uniforme.

La raison et le goût, dont les préceptes ont été dirigés dans tous les siècles vers les productions du génie et des arts, ont profité du zèle des gouvernemens pour étendre leur influence dans le sanctuaire des lois. L'unité d'objet, l'unité de dessein, sont devenus aussi des principes de législation.

On voit disparoître de plus en plus les contradictions choquantes qui existoient dans nos ordonnances et dans nos coutumes; ces réformes sont l'ouvrage de la froide raison, et ne peuvent aucunement être attribués à la fureur des factions. Mais, si les lumières et le zèle du législateur lui font chercher le bien hors des anciennes règles, sa sagesse, avant qu'il adopte des changemens, doit lui en faire calculer les effets. Eh! que pourroit-il craindre? Les usages sur la rédhibition des animaux ne sont pas de ces coutumes anciennes qui tiennent au caractère national. Il n'est pas question d'abandonner un systême de lois pour en établir un autre. Nous proposons seulement de passer, de quelques usages bien équivoques et bien incohérens, à un ordre de principes raisonnés dans une petite partie de la législation qui n'intéresse point la politique, qui ne contrarie aucune affection, et ne tient pas même aux intérêts des familles. Dans un moment où l'on a posé des bases nouvelles sur les successions, sur les mariages, sur l'honneur même des citoyens, ce ne sont point des craintes qui pourroient empêcher d'établir des règles générales et bien combinées pour une simple branche de commerce qui est d'une importance beaucoup moindre.

La grande tentative de donner à la France des lois uniformes s'arrêteroit-elle à la garantie des animaux ? Quand une puissante révolution a donné à l'Etat une forme nouvelle, quand le génie qui communique l'impulsion aux législateurs a calmé les haines, rallié tous les partis à force de travaux, mais sur-tout par de bonnes lois, laisseroit-il subsister l'imperfection dans un point qui réclame sa part des améliorations ?

§. II.

La justice doit être prompte dans cette matière.

Les questions qui nous occupent sont relatives au commerce, leur solution doit donc naître des principes qui sont propres au commerce.

Les formalités seront peu nombreuses ; 1°. parce qu'elles sont difficiles en ce qu'elles demandent quelquefois des connoissances peu communes; 2°. parce qu'en gênant le commerçant elles nuisent au commerce qui exige de la facilité, de la rapidité.

Le jugement doit être porté sans retard, et la procédure doit être faite sans frais ou du moins avec le moins de frais possible.

Cependant il faut prendre le temps d'être juste

et il faut, comme le dit l'auteur de l'*Esprit des lois*, éviter de donner à une partie le bien de l'autre, faute d'examen, et de les ruiner toutes deux à force d'examiner.

Ces lois, pour être bonnes, doivent donc être uniformes aujourd'hui, et favoriser la rapidité du commerce.

Les bonnes lois, dans cette partie, ont encore l'avantage de contribuer à maintenir les bonnes mœurs.

TROISIÈME PARTIE.

PROJETS POUR ATTEINDRE LE BUT.

CHAPITRE PREMIER.

EXTRAIT DU PROJET DE CODE CIVIL.

DEUXIÈME PARTIE. — TITRE X. *De la Vente.* — Chap. IV.

Art. XXIII. Le vendeur est tenu d'expliquer clairement ce à quoi il s'oblige; tout pacte obscur ou ambigu est interprété contre lui.

XXIV. Il a deux obligations principales, celle de délivrer, et celle de garantir la chose qu'il vend.

SECTION II.

De la garantie.

XLVI. La garantie que le vendeur doit à l'acquéreur a deux objets : le premier est la possession paisible de la chose vendue; le second, les défauts cachés de cette chose ou les vices rédhibitoires.

DISTINCTION DEUXIÈME,

De la garantie des défauts de la chose vendue.

LXII. Le vendeur est tenu de garantir les qualités nuisibles de la chose qu'il vend, et celles qui la rendent impropre à l'usage auquel on la destine, ou qui diminuent tellement cet usage, que l'acheteur ne l'auroit pas acquise, ou n'en auroit donné qu'un bien moindre prix, s'il les avoit connues. Telles sont la pousse, la morve, la courbature, et la privation de la vue par intervalles à l'égard des chevaux; et autres de cette espèce.

Le tout néanmoins suivant les circonstances et les usages des lieux.

LXIII. Le vendeur n'est pas tenu des vices apparens et dont l'acheteur a pu se convaincre lui-même.

LXIV. Il est tenu des vices cachés, quand même il ne les auroit pas connus, excepté que, dans ce cas, il ait stipulé qu'il ne sera obligé à aucune garantie.

LXVI. Si le vendeur connoissoit les vices de la chose, il est tenu, outre la restitution du prix qu'il a reçu, de tous les dommages ou intérêts de l'acheteur.

LXVII. Si le vendeur ignoroit le vice de la chose, il ne sera tenu qu'à la restitution du prix, et a rembourser à l'acquéreur les frais occasionnés par la vente.

LXIX. L'action résultante des vices rédhibitoires doit être intentée par l'acquéreur, dans un bref délai, suivant la nature du vice rédhibitoire, et l'usage du lieu où a été faite la vente.

CHAPITRE II.

EXAMEN DU PROJET DU CODE CIVIL, SUR LA GARANTIE DES ANIMAUX.

» Les défauts que le vendeur garantit sont, dit
» le projet, titre X, art. LXII, la pousse, la
» morve, la courbature, et la privation de la vue
» par intervalle, à l'égard des chevaux; et autres
» de cette espèce :

» Le tout néanmoins suivant les circonstances
» et les usages des lieux ».

Et art. LXIX. « L'action résultante des vices
» rédhibitoires doit être intentée par l'acquéreur,
» dans un bref délai, suivant la nature du vice
» rédhibitoire, et l'usage du lieu où a été faite la
» vente ».

Ce projet, en paroissant fixer un usage général, laisse subsister tous les usages particuliers, tant pour les cas rédhibitoires qu'il laisse à déterminer, que pour la durée dont il ne parle pas non plus.

« Lorsque dans une loi, dit encore l'auteur de » *l'Esprit des lois*, on a fixé les idées des choses, il » ne faut point revenir à des expressions vagues. » Dans l'Ordonnance criminelle de Louis XIV, » continue-t-il, après qu'on a fait l'énumération » exacte des cas royaux, on ajoute ces mots : » *et ceux dont de tout temps les juges royaux* » *ont jugé;* ce qui fait rentrer dans l'arbitraire » dont on venoit de sortir ».

Il suffit de rapprocher ce passage des articles du projet, pour sentir qu'on peut faire à celui-ci le même reproche.

Après avoir nommé la morve, la pousse, la courbature, et la privation de la vue par intervalles, ce qui semble être une énumération exacte, il paroît qu'on ne devroit pas ajouter : *et autres de cette espèce, le tout néanmoins suivant les circonstances et les usages des lieux; ce qui*, pour employer l'expression de notre illustre auteur, *fait rentrer dans l'arbitraire dont on venoit de sortir.*

Le bref délai dans lequel l'action doit être intentée, suivant la nature du vice rédhibitoire, et l'usage du lieu où a été faite la vente ne fixe pas non plus les idées des choses.

L'adoption de cette partie du projet consacreroit des points foibles de législation. On admettroit pour ces cas une loi dominante et des usages reçus, et si la force du gouvernement actuel n'empêchoit de comparer cette disposition avec une autre pareille au fond, mais beaucoup plus imparfaite adoptée dans l'enfance de la monarchie; on pourroit craindre de voir se renouveler ce qui arriva; c'est que les Coutumes furent préférées, et qu'à force de faire éluder la loi, elles parvinrent à la détruire.

La justice n'a de fixité que quand les règles, les usages, sont écrits et publiés.

Ceux de nos rois à qui l'histoire impartiale attribue des bienfaits envers les peuples, se sont occupés de ces soins et s'en sont fait un juste point de gloire.

Il nous semble indispensable de déterminer les cas et les délais; et comme il est essentiel *que les paroles des lois réveillent chez tous les hommes les mêmes idées*, nous pensons aussi que le Gouvernement s'il admet des cas rédhibitoires, doit donner sa sanction à une instruction où ils seront décrits et caractérisés d'une manière claire et précise, pour les faire bien distinguer par les propriétaires, les fermiers, les maréchaux, les marchands, etc.

Examinons maintenant les autres moyens d'établir la garantie, ou les mesures qu'il faudroit prendre si l'on se décidoit à la supprimer.

CHAPITRE III.

EXAMEN DE DIVERSES IDÉES DE LÉGISLATION SUR LES DÉFAUTS DES ANIMAUX.

§ Ier.

Etablir seulement comme principe général, que tout cas grave caché et antérieur à la vente sera rédhibitoire; fixer seulement pour délai huit jours, et laisser aux tribunaux la tâche de faire l'application à chaque cas, à mesure qu'il se présentera.

Il résulteroit de cette détermination que les cas seroient bien différens dans les divers tribunaux; pour établir que le défaut en question est, ou n'est pas grave, occulte et préexistant à la vente, il y auroit des débats longs et des frais considérables de procédure: ce qui est contraire aux conditions que nous avons avancées précédemment, 2e. part. chap. IV, §. Ier. et II.

§ II.

Autoriser l'acheteur à rendre l'animal, sans l'obliger de donner des motifs dans les 24 heures, en perdant le vingtième du prix de la vente. Cette manière laisseroit toutes les ventes incertaines, ce qui empêcheroit la rapidité favorable au commerce.

§. III.

Supprimer la garantie, mais obliger le vendeur, aussitôt qu'il a reçu le prix, d'obtenir de l'acheteur une reconnoissance par écrit pour justifier qu'il lui a déclaré tous les défauts cachés et graves qu'auroit l'animal, et autoriser la rédhibition pour ceux qu'il n'auroit pas déclarés. L'acheteur seroit instruit par là des défauts de son animal : il n'auroit plus d'incertitude; la déclaration du défaut lui feroit reconnoître qu'il est dupe, et il pourroit, sans perte de temps, revendre son animal avec la même subtilité; mais ce moyen propageroit encore la tromperie.

§. IV.

Dans tous les cas de difficultés, au lieu de la rédhibition pure et simple, ordonner que l'animal en question soit vendu publiquement à l'enchère, et que la moins-value soit supportée également par l'acheteur et le vendeur.

Ce mode empêche les frais de procédures d'être considérables; mais il n'est relatif qu'aux frais de procédure et n'est point une solution des difficultés de la garantie.

§. V.

§. V.

Dans toutes les parties de l'économie publique où la propriété court des risques, on a vu se former des établissemens qui s'obligent, en cas d'événemens fâcheux, de les supporter ou de payer la chose au prix qu'elle est déclarée. Telles sont les chambres d'assurances contre les naufrages, les incendies, etc.

Le Gouvernement pourroit encourager un ou plusieurs hommes de l'art à former, dans chaque ville de marché un peu considérable pour les animaux, un bureau d'assurances pour cette partie du commerce.

Il y auroit deux tarifs, l'un des droits à percevoir pour les cas qui seroient garantis, et l'autre des sommes que le bureau devroit verser au propriétaire qui auroit éprouvé, dans ses animaux, les maladies ou les vices pour lesquelles il auroit pris l'assurance.

Les bureaux particuliers pourroient correspondre avec un bureau central, dont l'heureuse influence pourroit s'étendre à toutes les mortalités d'animaux, et à toutes les chances redoutables pour l'agriculture.

Mais ce n'est point non plus une solution, et cette idée peut être admise quel que soit le plan de législation qu'on adopte.

§. VI.

N'admettre que la garantie conventionnelle.

L'entreprise de régler en détail les conditions qui doivent exister dans les conventions entre les particuliers est une tâche bien difficile.

Les cas sont multipliés ; si on les admet tous avec différens délais, la législation devient longue, compliquée, et manque de cette simplicité qui fait son plus beau caractère.

Si l'on en rejette quelques uns, ou qu'on ne les prévoie pas, le particulier peut être dupe de sa confiance dans la sagesse de la loi, et de la sécurité qui l'empêchoit de réfléchir à une convention dont il croyoit que la justice avoit posé d'avance les principales conditions.

De là vient naturellement l'idée de se garder d'établir une garantie de droit, mais d'admettre seulement la garantie conventionnelle.

Les cas rédhibitoires juridiques ne seroient-ils bons qu'aux marchands, qu'aux experts et qu'aux tribunaux ? conviendroit-il mieux que le Gouvernement, dans cette partie comme dans plusieurs autres, se contentât de laisser faire et de protéger, sans se charger de prescrire des stipulations qui ne seroient pas toujours justes, malgré ses soins et son intention ?

Il semble qu'en effet les citoyens connoissent

mieux que la loi leurs besoins et leurs intérêts, et que le Gouvernement doit s'en tenir à la belle attribution qui lui est confiée, de serrer les liens des conventions, et d'en assurer l'exécution.

L'homme qui n'est point connoisseur pourroit prendre un conseil qui l'aideroit de ses lumières, et qui examineroit particulièrement les qualités importantes; ce qui le garantiroit des supercheries d'un vendeur adroit.

Les conventions devant être écrites, lorsque le prix excède cent francs, les parties seroient jugées sur leurs propres faits, et sur leurs faits bien authentiques. De cette manière, on consacreroit un instant de plus à réfléchir à la convention; les débats du marché seroient plus longs; la rédaction causeroit une dépense; mais on éviteroit des procès où l'on perd encore plus de temps, encore plus d'argent, et où l'on contracte des inimitiés qui font le tourment de la vie.

Le Gouvernement répandroit une instruction simple sur les risques que courent l'acheteur et le vendeur; et, en conséquence de ces avertissemens, ils ne manqueroient pas d'être sur leurs gardes.

On pourroit aussi avoir des formules toutes prêtes, au moyen desquelles les marchés ne pourroient s'écarter de la bonne foi; ou, pour empêcher encore davantage qu'on n'y insérât des conditions insidieuses, on pourroit obliger les parties à les faire rédiger, ou simplement à les faire viser par un officier préposé par la police.

Les frais seroient bien peu de chose, et seroient payés par les contractans; mais il nous semble que ce plan contrarieroit la célérité du commerce, à cause des formalités à remplir, et que l'homme rusé auroit encore trop d'avantage sur l'homme ignorant, imprévoyant et simple.

CHAPITRE IV.

PROJET DE GARANTIE ÉTENDUE.

Si la garantie remplissoit les vues de son institution, en augmentant le nombre des cas rédhibitoires, on ne feroit que multiplier les occasions d'être juste, en assurant de plus en plus le sort de l'acheteur.

Cependant cette faveur ne devroit comprendre que les défauts qui ont un certain degré de gravité, et qui sont occultes, ou du moins qui ne peuvent être jugés dans l'instant du marché par la plupart des personnes qui achètent des animaux.

Ces cas seroient, suivant nous, pour tous les quadrupèdes domestiques,

1°. Des maladies; savoir : Le charbon et les maladies pestilentielles, la rage, l'épilepsie ou mal caduc, la cécité non apparente, la destruction de l'une des deux veines jugulaires ou des deux; le trachéocèle intérieur, les ulcères et fistules peu appercevables, des poireaux, ou des polypes, la faim-valle, les coliques, la langue coupée.

2°. Des vices; les habitudes diverses par lesquelles les animaux méchans peuvent blesser les hommes ou d'autres animaux.

Pour les diverses espèces d'animaux domestiques; 1°. pour les animaux qui travaillent, le refus du service, le défaut d'être rétif, ombrageux, la surdité; la claudication, le tremblement par intervalles.

2°. Pour le cheval, l'âne et le mulet; le farcin, la morve, la pousse, la courbature, le cornage ou sifflage, le défaut d'être souffleur, gros d'haleine, l'immobilité, les eaux aux jambes et le crapaud; l'éparvin sec, les tics, le reculer opiniâtre, le défaut d'être bégu ou d'avoir les dents burinées.

3°. Pour la vache, la phthysie pulmonaire, nommée *pommelière.*

4°. Pour le mouton, le claveau; pour les bêtes à cornes et à laine, le *tournis.*

5°. Pour le cochon, la ladrerie.

Vu le temps différent nécessaire pour reconnoître ces divers cas, on accorderoit tout le délai favorable à l'acheteur. Ce seroit, par exemple, dans cette garantie étendue, quarante jours pour la rage, l'épilepsie et la fluxion périodique; et pour les autres cas, huit jours, ce qui est, dans la plupart des lieux, l'intervalle d'un marché à l'autre.

Mais si, avec trois ou quatre cas rédhibitoires, le vendeur court déja des risques, et éprouve quelquefois des dommages injustes, on augmentera encore ces dangers, en multipliant les cas rédhibitoires.

CHAPITRE V.

PROJET DE GARANTIE RESTREINTE.

Plus on restreint la garantie à un petit nombre de cas, plus on est juste envers celui qui vend une chose loyale, parce qu'on lui épargne des risques résultans de la facilité de l'abus. Dans le système bien combiné d'une garantie restreinte, il nous semble qu'on ne doit admettre que les défauts graves réputés antérieurs aux ventes et rigoureusement occultes, ou que l'examen le plus scrupuleux ne pourroit découvrir.

Ce seroit 1°. pour toutes les espèces d'animaux, le charbon et les diverses espèces de peste; pour le cheval, l'âne, le mulet, le bœuf et la vache, la méchanceté; pour les moutons, le claveau : le délai seroit de huit jours pour tous ces cas.

2°. Pour toutes les espèces d'animaux, la rage, l'épilepsie ou mal caduc; pour les chevaux, la fluxion périodique, sans opacité du cristallin; pour les moutons mérinos (1), le tournis. Le délai seroit de quarante jours pour ces quatre cas.

Avec des connoissances, de l'attention et un moment d'essai, tous les autres défauts, soit vices, soit maladies, sont appercevables, ou bien ils ne sont pas graves ni existans au moment de la vente. La plupart de ces cas sont rares, et, en n'admettant que la garantie qui les embrasse, on anéantit tous ceux qui entretiennent la mauvaise foi dans une branche de commerce d'où elle peut s'étendre aux autres conventions.

CHAPITRE VI.

PROJET DE GARANTIE TEMPÉRÉE.

Le plan de garantie étendue a une grande latitude, celui de garantie restreinte est peut-être trop rigoureux. Nous allons proposer un terme moyen.

Nous pensons que la loi ne doit admettre comme cas rédhibitoires, avec un long délai, que ceux nommés au Chapitre de la *garantie restreinte;* mais il nous paroît avantageux à la loyauté du commerce d'autoriser aussi la rédhibition dans le court délai de deux heures, ou tout au plus de 24, pour tous les autres cas détaillés au Chapitre de la *garantie étendue.*

---

(1) Voyez-en la raison, 4e. partie, art. tournis.

Il n'y a pas d'inconvéniens à multiplier les cas de la *courte garantie*, pourvu qu'on les fixe. Les marchés resteront consommés toutes les fois que les animaux ne seront pas jugés avoir une de ces affections.

Le vendeur qui trouveroit incommodes les cas et la durée de la garantie, comme l'acheteur qui les jugeroit insuffisans, pourront les changer par une garantie conventionnelle. L'acheteur peut ne conclure le marché qu'en obtenant un certain temps pour l'essai; tel seroit, par exemple, le cas de quelqu'un qui, voulant une bonne vache laitière, soupçonneroit celle qu'on veut lui vendre.

Pour favoriser la célérité des affaires, et pour abréger le temps de l'incertitude, la rédhibition seroit demandée avant l'expiration des deux ou des 24 heures, et la partie seroit citée devant le Maire ou un Commissaire de police, qui prononceroit à l'instant et sans appel, sur tous les cas de courte garantie, d'après le rapport d'un homme de l'art qui auroit constaté le défaut.

La rédhibition au bout de huit ou de quarante jours, continueroit d'être ordonnée par les juges-de-paix et par les tribunaux de commerce ou de première instance.

Les marchands, ou les personnes qui jouissent d'une certaine réputation, quand elles ont à vendre des animaux par trop défectueux (1), se gardent bien de les offrir elles-mêmes ou de les faire présenter au marché par des gens ordinairement à leur service. C'est un inconnu à qui l'on donne cette commission, autant qu'il est possible (2). Si l'acheteur néglige de s'assurer du nom, de la résidence, et de la solvabilité du vendeur, les moyens de recours lui échappent, comme quand c'est un homme insolvable qui contracte directement pour lui-même. Mais cette supercherie manqueroit son but, si l'on autorisoit l'acheteur à déposer le prix de l'animal entre les mains d'un préposé de la police, qui ne le délivreroit au vendeur qu'après l'expiration de la garantie, ainsi qu'il se pratique depuis long-temps et avec succès au marché aux chevaux de Paris. Il ne tiendroit qu'à l'acheteur de prendre cette sûreté.

On trouvera peut-être que, si l'on n'admettoit que deux heures, elles seroient insuffisantes, quand le marché est conclu à la fin du jour, et que l'acheteur est obligé de partir bientôt pour regagner son domicile; mais alors il faut qu'il s'assure dans l'instant que la bête n'a aucun des cas qui sont dans la courte garantie, ou bien qu'il fasse

---

(1) On appelle ces chevaux des *bêtes bleues*.

(2) Et ce genre de commission est si fréquent, que ce commissionnaire a un nom particulier : on le connoît, à Paris, sous le nom de *singe*.

une garantie conventionnelle pour prolonger le délai.

En général, le plan de garantie arrêté par la loi n'est fait que pour ceux qui ne savent pas, ou qui ne veulent pas convenir d'une garantie entr'eux; il ne gêne en rien la liberté de ceux qui le peuvent, et qui veulent en prendre la peine.

Nous proposons, en conséquence, l'article 62, du titre 10, du projet du code civil, avec les changemens suivans :

Art. 62. « Le vendeur est tenu de garantir les » qualités nuisibles de la chose qu'il vend ;

» Et celles qui la rendent impropre à l'usage » auquel on la destine; ou qui diminuent tellement » cet usage, que l'acheteur ne l'auroit pas acquise, » ou n'en auroit donné qu'un bien moindre prix, » s'il les avoit connues ».

Telles sont, *pour toutes les espèces d'animaux domestiques, le charbon et les maladies pestilentielles; pour le cheval, l'âne, le mulet, le taureau, le bœuf et la vache, la méchanceté; et pour les moutons, le claveau. L'action pour ces cas doit être intentée par l'acquéreur, avant l'expiration du huitième jour. Si cependant le huitième jour étoit une fête, elle pourroit n'être intentée que le neuvième.*

Seront aussi rédhibitoires, pour tous les animaux, la rage; pour le cheval, l'âne, le mulet, le taureau, le bœuf et la vache, l'épilepsie ou mal caduc ; la fluxion périodique pour les chevaux, et le tournis pour les moutons mérinos. La garantie sera de quarante jours pour ces quatre cas.

En outre, les chevaux, ânes et mulets, qui seroient morveux ou simplement jeteurs, qui seroient affectés du farcin, de la pousse, de la courbature, seront dans la courte garantie, et pourront être l'objet de la rédhibition, si elle est demandée avant l'expiration des deux (1) *ou des* 24 *heures qui suivront la conclusion du marché* (2).

Il en sera de même des chevaux, ânes et mulets, qui seroient affectés de claudication par intervalles, d'immobilité; qui refuseroient le service; ou seroient rétifs, ombrageux, corneurs, siffleurs ou gros d'haleine (3).

---

(1) Les deux ou 24 heures étant un délai *de grace*, pour compâtir à l'ignorance ou à l'inattention de l'acheteur, il appartient au législateur de juger, beaucoup mieux que nous, quel nombre d'heures on doit accorder.

(2) Si le législateur ne craignoit pas de multiplier les cas de *la courte garantie*, il pourroit admettre de plus, comme tels pour le cheval, l'âne et le mulet, les *tics*, le défaut *d'être bégu*, ou d'avoir les *dents burinées ;* les *ulcères* et les *fistules*, la *gale*, les *eaux aux jambes* non évidentes et le *crapaud ;* les *polypes* ou les *poireaux* cachés, le *trombus* ou la *destruction d'une jugulaire* ou des deux, le *trachéocèle intérieur*, la *langue coupée*.

(3) Il pourroit admettre de même *l'éparvin sec*, la *surdité*, le défaut d'être *borgnes* ou *aveugles*, sans destruction de l'œil ou sans opacité évidente de la vitre ou

Seront pareillement dans la courte garantie (de deux ou de 24 heures), le cochon, pour la ladrerie; et la vache laitière, pour la phthysie pulmonaire nommée pommelière, quand elle sera vendue par des marchands forains, et non par des nourrisseurs de ville.

Il n'y aura point de garantie ni de longue ni de courte durée, toutes les fois que le prix de la vente sera au dessous de cinquante francs, si ce n'est pour les cas de maladies contagieuses; exception dont ne jouiront pas les excoriateurs ou écarrisseurs.

Les cas que le vendeur pourroit prouver avoir déclarés (1), *cesseront d'être rédhibitoires.*

Il est libre à tous les acheteurs et vendeurs de faire des conventions particulières, pour rejeter tous les cas, ou quelques uns seulement, et d'en substituer d'autres, ainsi que d'autres délais.

Dans les communes où il y a des marchés d'animaux, le maire, ou un commissaire de po-

---

du cristallin), le *tremblement* par *intervalle*, la *faim-valle* et *les coliques*. Mais ce sont des défauts qu'on peut rejeter de la garantie avec moins d'inconvéniens, parce que les uns sont très-rares, les autres sont assez faciles à appercevoir, plusieurs enfin ne diminuent pas extrêmement la valeur des animaux en qui ils existent. Cependant nous donnerons une idée de chacun, dans la quatrième Partie.

(1) Par témoins au dessous de cent francs, et par reconnoissance de l'acheteur pour une plus forte somme.

lice, après avoir entendu le rapport d'un homme de l'art, prononcera sans délai et sans appel pour tous les cas de la courte garantie. Il leur sera adressé à cet effet une instruction où les cas rédhihitoires seront caractérisés.

Les acheteurs pourront déposer entre leurs mains le prix du marché; et ils devront le remettre dans les mêmes espèces au vendeur; mais seulement après l'expiration de la garantie de droit ou de convention.

A cet effet, si l'acheteur fait des poursuites en rédhibition, il sera tenu d'en donner avis au maire ou au commissaire de police du lieu du marché, avant l'expiration du délai.

Les maires ou commissaires de police tiendront ou feront tenir un registre dans lequel on inscrira les animaux dont on aura déposé le prix, ainsi que les noms et les demeures du vendeur et de l'acheteur.

L'acheteur pourra intenter l'action en rédhibition, quoiqu'il n'ait pas déposé le prix, ni fait la déclaration des animaux.

Le vendeur est responsable des dommages et intérêts de l'acheteur, ainsi que des pertes que le défaut de la chose a pu lui causer.

Il encourra de plus la peine de l'amende, s'il vend même dans des lieux particuliers, ou expose en vente dans les marchés publics, des ani-

attaqués, ou seulement suspects de maladies contagieuses.

Il est défendu de présenter aux marchés aucun animal méchant, de quelqu'espèce que ce soit, sous peine de cinquante francs d'amende. En outre, tout animal qui aura blessé ou tué un autre animal, ou une personne, sera tué sur-le-champ, sans préjudice des dommages dus à la partie qui aura souffert, ou à ses ayant cause.

Dans toute affaire pour la rédhibition d'animaux, lorsque les frais égaleront le prix de la vente, le tribunal sera tenu d'arrêter la procédure; et si l'enquête ne l'a pas éclairé assez pour donner son jugement, il ordonnera que l'animal, ou les animaux qui sont l'objet de la question, soient vendus à l'enchère, et que les pertes et les frais soient supportés également par les parties.

CHAPITRE VII.

DE QUELQUES DÉFAUTS QUE LA LOI NE DOIT PAS COMPRENDRE DANS LA GARANTIE.

Il est des cas que nous ne comprenons pas au nombre des défauts qui doivent jouir de la garantie, parce qu'ils sont trop rares ou trop sujets à varier, ou enfin parce qu'il faudroit un trop long délai pour les constater.

Tels seroient l'incontinence d'urine ou de sperme; dans les femelles, l'avortement habituel, le renversement habituel de matrice; la stérilité dans des animaux achetés pour la génération, etc.

On a vu aussi des défauts de conformation assez graves, qu'on ne peut appercevoir que par l'usage ,mais qui sont si rares, et qui peuvent être si différens, que nous n'avons pas cru devoir en faire mention particulièrement.

Voici un exemple d'un de ces cas rares dont le citoyen Chaumontel, professeur à l'Ecole Vétérinaire d'Alfort, a été témoin en 1788. Un cheval, âgé d'environ trois ans, étoit affecté par les deux naseaux, mais sur-tout par la narine gauche, d'un écoulement considérable de matière très-fluide, verdâtre et fétide. La ganache du même côté avoit plusieurs petites glandes un peu engorgées et mobiles. Ayant ouvert la bouche, on remarqua que le palais, depuis le huitième sillon jusqu'à la racine du voile du palais, étoit ouvert dans tout son milieu, et que la bouche et les naseaux communiquoient ensemble par cette ouverture. Le doigt introduit par une narine atteignoit le bord inférieur de ce trou : la membrane pituitaire étoit légèrement enflammée. Ayant comprimé la trachée-artère, l'animal toussa, ce qui fit augmenter l'écoulement. Lui ayant fait manger du son, il en rendit à pleins naseaux. C'est sur-tout l'eau qui lui sortoit par les narines, quand il buvoit ; cependant il en perdoit moins, quand, la retenant dans ses lèvres, il étendoit et haussoit la tête, afin que le poids du liquide le fît descendre plus facilement ; c'est-à-dire qu'il buvoit à la manière des poules et des canards, etc.

Ce cheval ayant été sacrifié, suivant l'ordonnance de M. l'Intendant de la généralité de Caen, l'œsophage et la trachée-artère se trouvèrent sains. La voute osseuse du palais n'existoit pas dans toute la longueur des dents molaires. Une membrane charnue très-épaisse s'étendoit des bords de cette ouverture à toutes les dents molaires. Le voile du palais étoit très-épais et très-flasque. La partie antérieure de l'épiglotte, qui, dans l'état naturel est anguleuse, étoit arrondie et très-épaisse. Il y avoit dans les fosses nasales des alimens accumulés, corrompus, d'où venoit la fétidité de la matière ; toutes les autres parties étoient saines, ou avoient des altérations indépendantes de ce défaut de conformation.

Ce cas, quoique non compris précisément dans notre plan, feroit regarder le cheval comme *jeteur*, et donneroit lieu à la rédhibition dans le délai des deux ou des 24 heures.

Au reste, ceux qui ne seroient pas contens de la prévoyance que nous proposons de donner à la loi pourroient y ajouter par des conventions.

QUATRIEME

QUATRIEME PARTIE.

NOTIONS PHYSIOLOGIQUES ET PATHOLOGIQUES SUR LES VICES ET LES MALADIES COMPRISES DANS LA GARANTIE,

OU

INSTRUCTION POUR RECONNOITRE CHACUN DES CAS RÉDHIBITOIRES.

CHAPITRE PREMIER.

CAS RÉDHIBITOIRES DE LONGUE GARANTIE POUR TOUS LS ANIMAUX.

§. Ier.

Du Charbon et des maladies pestilentielles.

Ces maladies se montrent avec des différences. Quelques animaux périssent avant que le propriétaire ait pu s'appercevoir qu'ils fussent malades; d'autres présentent des symptômes qui ont plus ou moins de durée.

Poils hérissés, mal teints; yeux enfoncés. hagards; constipation; flancs creux ou météorisés; naseaux dilatés; tranchées; ténesmes; plaintes sinistres; matières alvines très-fétides, sanguinolentes; anxiétés; intermittence du pouls; prostration des forces; mouvemens désordonnés; convulsions: tels sont les symptômes qui se succèdent dans l'espace d'un jour, quelquefois de quinze, et même d'un mois, et que la mort termine le plus souvent.

Dans d'autres, tumeurs charbonneuses accrues tout à coup ou devenues grosses comme la moitié de la tête de l'animal, en 12 ou 18 heures; taches brunes à la membrane pituitaire, dans l'intérieur de la bouche, aux lèvres de la vulve, ou pâleur livide de ces parties; la tumeur très-douloureuse et peu chaude; peau crépitante, si on la comprime un peu; infiltration jaune, noire, se propageant rapidement sous la peau; sphacèle entier de la partie : telle est une autre suite de symptômes.

L'ouverture des cadavres montre des désordres intérieurs aussi étranges. C'est une décomposition particulière, trouvée aussitôt après la mort, beaucoup plus fétide que dans des animaux morts depuis long-temps de maladies d'un autre genre. Ce sont des infiltrations sanguinolentes ou de matière jaunâtre en divers endroits, des taches, des érosions gangreneuses aux poumons, au larynx, aux intestins, à la matrice; des organes entiers, des membranes détruites par la gangrène; les alimens quelquefois en masse énorme et très-durs dans le feuillet des bœufs, et la membrane muqueuse de cet estomac détachée et adhérente aux alimens.

Ces maladies sont contagieuses, sur-tout pour

les animaux de la même espèce; elles le sont souvent d'une espèce à l'autre; l'homme lui-même n'est pas exempt de succomber, quand il touche, sur-tout la partie affectée d'un animal mort ou vivant.

En d'autres circonstances, on a vu, dans des bœufs sacrifiés pour la boucherie, une putréfaction considérable se développer aux chairs des lombes, 12 ou 24 heures après la mort, quoique vivans, on les eût jugés viande saine et de première qualité. On a quelquefois observé pareillement des développemens de putréfaction dans l'intérieur des bœufs tués pour la boucherie, au point qu'en finissant de les souffler, il se dégageoit de leur corps des gaz suffoquans, dont le boucher s'est trouvé asphixié. D'autres bouchers ont été affectés du charbon pour avoir débité de la viande pareille.

Cette viande est donc funeste; et de semblables désordres étant dus à des marches pénibles et précipitées, à des efforts, ou à d'autres causes éloignées, qui ont eu lieu avant l'achat; tous ces cas seroient réputés charbonneux et jouiroient de la garantie de huit jours.

Les maladies charbonneuses ont causé par intervalles des calamités dans l'agriculture et le commerce, en faisant périr des animaux par millions. Elles deviennent plus rares et moins meurtrières, depuis que les vétérinaires se multiplient, parce qu'ils emploient contr'elles les moyens les plus prompts.

Elles n'attaquent pas toujours tous les animaux d'une contrée, elles peuvent se borner à une habitation, à une pâture. On voit des propriétaires, ayant perdu plusieurs de leurs animaux, et ne doutant pas que le reste ne périsse de même, tenir la maladie secrète, ou même en soustraire à la surveillance de la police le plus qu'ils peuvent, et les vendre pour ne pas tout perdre; le principe du mal existe au moment de la vente, mais il n'est pas apercevable; il se développe, et l'acheteur reçoit un animal qui périt, infecte les siens, par suite ceux de ses voisins, et, de proche en proche, ceux de tout le pays.

L'acheteur, quelqu'attentif et quelqu'instruit qu'il puisse être, ne peut découvrir ce défaut; il est donc de toute justice que le vendeur non seulement remette le prix de la vente, mais encore qu'il supporte les dommages que son imprudence et sa cupidité ont causés.

L'intérêt de l'acheteur est satisfait par ces mesures, si la fortune du vendeur peut suffire à payer toutes les pertes; mais il est des peines qu'il reste à infliger pour la vindicte publique: c'est l'amende; elle est de 500 francs, suivant l'arrêt du 16 juillet 1784, qui proscrit la vente des animaux infectés de maladies contagieuses. La responsabilité relative à la contagion des maladies pestilentielles doit être commune à la rage, au claveau, etc.

§. II.

De la Rage.

Dans la plupart des espèces, les animaux atteints de cette maladie sont tourmentés de la fureur de mordre, et par conséquent de communiquer ce mal, car la morsure en est le principal moyen.

Le cheval en outre frappe des pieds; le mouton frappe des pieds et de la tête; le bœuf, des pieds et des cornes. Ils ont une grande inquiétude, laissent échapper de la salive écumeuse, ont horreur de l'eau, et quelquefois même de l'air et de la lumière. Les yeux sont hagards, la déglutition surtout de matières liquides est difficile ou impossible.

Les altérations trouvées dans les cadavres sont des inflammations au larynx, au pharynx, et à l'estomac. Un traitement méthodique exécuté peu de temps après la morsure empêche la maladie de se déclarer.

Quelquefois même la morsure ne la communique pas; mais on l'a vue, dans plusieurs endroits, passer des chiens à des bœufs, à des chevaux, et même à l'homme, causer des pertes considérables à des particuliers, exciter l'effroi public. Nous proposons quarante jours pour la garantie de cette maladie.

CHAPITRE II.

CAS RÉDHIBITOIRES DE LONGUE GARANTIE POUR LE CHEVAL, L'ANE, LE MULET, LE TAUREAU, LE BOEUF ET LA VACHE.

§. Ier.

De l'Epilepsie ou mal caduc.

Dans le moment de l'attaque, l'animal marche circulairement, ou exécute plusieurs tours avec précipitation; il ne voit plus, n'entend plus, il tombe ou prend un appui sur tout ce qui peut le lui fournir dans l'instant; après la chute, on remarque des mouvemens convulsifs sur-tout des membres et des mâchoires; les yeux pirouettent, il sort de la salive écumeuse, puis de l'urine, etc.

Cette maladie est rare; cependant on l'a vue dans des chevaux, des ânes, des bœufs, des vaches, des chiens, etc.

Elle se montre par accès, et il n'en reste aucun simptômes dans leurs intervalles qui sont de 15, 30, 40 jours et quelquefois d'avantage.

Il nous paroît que quarante jours de garantie seront raisonnables pour cette maladie. Si elle se déclare après ce délai, on peut croire qu'elle a été contractée chez l'acheteur.

§. II.

De la méchanceté capable de blesser les hommes ou les animaux.

Il est des chevaux qui ruent au point qu'on ne peut les approcher : celui-ci lance le pied de derrière de côté (ce qu'on appelle ruer en vache); celui-là frappe aussi des pieds de devant, saute même sur l'homme. Quelques uns n'exécutent ces méchancetés, que quand il s'agit de les ferrer, ou quand ils ne sont pas approchés et tenus par la personne qui les soigne ordinairement. Les accidens de personnes blessées, tuées même par des chevaux, ne sont que trop communs. D'autres sautent les haies, les barrières, les murailles, les fossés; se blessent ou se tuent, sans qu'il y ait de négligence de la part de l'acheteur.

Il en est encore qui, quoi qu'on fasse pour les déterminer en avant, se portent quelquefois opiniâtrement en arrière, et jetteroient même le cavalier ou la voiture dans un précipice.

Dans un marché, faute de la circonstance, l'animal ne paroît pas méchant, mais dans un autre endroit, dans un autre moment, il mord, il fait des dommages et c'est l'acheteur qui est obligé de les payer. Il est juste que l'acheteur ait huit jours de délai pour reconnoître ces vices, et que le vendeur soit responsable des faits qui se seroient commis, parce qu'il auroit pu les empêcher en déclarant le vice.

Il en est de même du bœuf qui frappe de la corne, et en particulier de la vache laitière surtout qui frappe des pieds, et qui est furieuse dans ses chaleurs.

CHAPITRE III.

CAS RÉDHIBITOIRES DE LONGUE GARANTIE POUR LE CHEVAL, L'ANE ET LE MULET.

§. Ier.

De la Fluxion périodique.

Cette maladie se déclare par une inflammation ordinairement légère de la conjonctive, par le gonflement des paupières et sur-tout de l'inférieure. L'œil est entièrement ou à demi fermé, l'humeur aqueuse se trouble, s'éclaircit, se trouble de nouveau, et enfin reprend sa transparence ordinaire.

L'accès dure huit à dix jours et revient le plus souvent tous les quinze jours, ou tous les vingt-cinq à trente jours; quelquefois seulement tous les deux ou trois mois, ou même à de plus longues distances, selon la constitution de la bête, sa nourriture, et le service auquel on la soumet.

L'œil paroît beau dans les intervalles; mais, par les retours des accès, il se produit différens désordres dont le plus ordinaire est la cataracte ou opacité du cristallin.

Dès que le cristallin n'est plus transparent, pendant l'intervalle des accès, la maladie est appercevable, et ne doit plus être l'objet de de la garantie.

Quand la maladie est plus de quarante jours à paroître chez l'acheteur, il est possible que ce soit la première fois qu'elle se montre, et que les causes en aient été prises chez lui.

Si l'onglée ou corps clignottant a été extirpé, cela rend le cheval suspect de la fluxion périodique, et doit suffire pour le faire reprendre dans les deux ou les 24 heures, si l'acheteur le demande.

CHAPITRE IV.

CAS RÉDHIBITOIRES DE COURTE GARANTIE, A OBSERVER DANS LE REPOS; ET ORDRE A SUIVRE POUR LES RECONNOÎTRE.

Nous allons les décrire dans l'ordre suivant lequel l'acheteur doit examiner s'ils existent. Nous allons commencer par ceux qui doivent être observés l'animal étant en repos; nous parlerons ensuite des cas qu'on reconnoît en le faisant exercer.

Mais, avant d'entrer en matière, nous croyons devoir avertir que les marchands de chevaux ont des moyens généraux par lesquels ils tâchent d'empêcher que l'acheteur ne découvre quelques défauts.

Le premier, c'est de cingler de coups de fouet tous leurs chevaux à l'écurie plusieurs fois par jour, et chaque fois qu'on les sort de porter toujours un long fouet qu'on leur fait sentir encore de temps en temps, et dont la vue seule les tient en éveil ou plutôt en tension.

L'autre moyen est d'insinuer un grain de piment ou un morceau de racine de gingembre dans l'anus, le vagin, ce qui irrite les parties, fait porter la queue en trompe, réveille les chevaux, et les anime pour la plupart.

Le fouet et le poivre font que les chevaux toujours irrités, toujours craintifs, remuent sans cesse, bondissent, sont difficiles à observer en détail, et que les plus lâches paroissent avoir de la vigueur, de l'énergie.

Pendant les deux ou les vingt-quatre heures de garantie le poivre sortira, l'acheteur calmera le cheval, consultera quelqu'un s'il le désire, et finira par voir plus clair à ses intérêts. Il suffit ici de l'avoir averti de ces ruses.

§. I.

Des chevaux béguts et des dents burinées.

Il est des chevaux dans lesquels les cavités des dents ne s'usent pas ou s'effacent irrégulièrement, parce que les mâchoires sont inégales en longueur, etc. Pour ceux qui ne jugent de l'âge que par la cavité, il est des chevaux de dix à douze ans qui paroissent n'en avoir que cinq ou six. Il est des marchands que la cupidité porte à buriner les dents pour y refaire des cavités. Elles sont toujours différentes des cavités naturelles; mais, en n'y faisant pas bien attention, l'acheteur peut y être trompé.

L'âge de l'animal important beaucoup aux intérêts de l'acheteur, nous pensons que, dans les cas de cette conformation ou de cette fraude, il doit avoir deux heures de garantie.

§. II.

Des Tics.

Ce sont des habitudes particulières observées dans quelques chevanx.

Les uns rongent le bord de l'auge, ou le ratelier, le timon de la voiture, ou même la longe du licol.

D'autres se balancent la tête d'un côté à l'autre, c'est ce qu'on nomme le *tic de l'ours*. Quelques uns, privés de l'objet qu'ils ont coutume de saisir, élèvent la tête et *tiquent en l'air*.

Tous, dans le moment où ils exécutent le pincement avec leurs dents, que la tête est appuyée et que l'encolure se trouve tendue, font une forte inspiration, et donnent issue à un vent qui sort de l'estomac , c'est-à-dire qu'ils font entendre un *rot*.

Ceux dont le tic consiste dans des pincemens avec les mâchoires, s'usent le bord antérieur des dents incisives; de sorte qu'en eux on reconnoît le tic à une espèce de biseau raboteux au bord de ces dents.

Le temps que ces animaux emploient à tiquer est autant de pris sur le temps du repos ou du travail; les rots annoncent des gonflemens d'entrailles, des digestions pénibles; quelques uns se nourrissent mal, les alimens leur profitent peu, et par conséquent ils ne sont pas capable d'un très-bon service.

§. III.

De la Morve et du Cheval jeteur.

La morve, dans son état complet de développement, a pour caractère, 1°. un flux particulier par l'un des naseaux, ou par les deux ensemble; 2°. un engorgement des glandes de la ganache sans la participation des tissus voisins; 3°. des ulcères nommés chancres à la membrane pituitaire.

Si un cheval a quelqu'un de ces symptômes, sans les réunir tous les trois, il n'est considéré aux yeux de la police que comme suspect de morve. Lorsque la maladie commence, il y a tuméfaction de la glande de la ganache, et le flux est séreux. La membrane pituitaire est très-enflammée, ou d'une paleur livide; mais, le plus souvent, très-infiltrée et épaisse.

Tout flux quelconque par les naseaux, tout engorgement de la ganache, tout chancre pouvant avoir des suites fâcheuses, et étant par conséquent une occasion de risques pour l'acheteur, dès qu'un animal aura un de ces symptômes, il sera dans la courte garantie.

§. IV.

Du Farcin.

Des boutons ronds, oblongs, quelquefois isolés, quelquefois à la suite les uns des autres, et formant des espèces de cordes, de chapelets, restant quelquefois long-temps en induration, mais s'abcédant le plus souvent et donnant lieu à des ulcères dont les bords se renversent, et dont la matière est sanieuse ; tantôt faisant des progrès rapides, tantôt étant une vingtaine de jours à se développer : tel est le farcin; maladie qui a son siège dans les glandes et les vaisseaux lymphatiques. Les boutons viennent sur-tout aux côtés de l'encolure et à son bord antérieur, aux ars, à la face interne des cuisses, etc., le farcin se termine quelquefois par la morve.

De la contagion de la Morve et du Farcin.

Dans une écurie de plusieurs chevaux où il y en a un morveux, ou un farcineux, les autres ne tardent pas quelquefois à être affectés de la même maladie, et l'on en conclut assez généralement que la morve et le farcin ont été communiqués aux chevaux qui étoient sains; et de-là est venue l'opinion de la qualité contagieuse de la morve et du farcin. Cependant il faut toujours remonter à un premier animal attaqué spontanément; or la cause qui a donné la maladie au premier auroit pu de même la donner aux autres.

Les mêmes alimens, les mêmes travaux, la même habitation sur-tout, sont peut-être les causes communes et locales de la maladie, sans qu'on doive remonter à la contagion. Ne peut-on pas attribuer à leur influence l'invasion de la morve et du farcin sur une écurie nombreuse? L'opiniâtreté de la maladie qui porte atteinte à tous les chevaux à mesure qu'on en achète pour remplacer ceux qui périssent. Ne peut-elle pas aussi dépendre de la même cause? ainsi tout s'expliqueroit sans contagion. Ceci peut se dire d'autres maladies contagieuses ; mais voici quelques faits qui feront douter du moins de la contagion de la morve.

Des chevaux réunissant les trois symptômes de la morve ont été guéris de cette maladie dans une écurie consacrée à l'habitation des chevaux morveux, et où il y en a eu même beaucoup d'autres qui n'ont pas guéri.

On a mis du flux de la morve sur la membrane pituitaire de chevaux sains, sacrifiés aux expériences, et il ne gagnèrent pas la maladie.

Un cheval sain ayant sailli des jumens morveuses, n'est pas devenu morveux. On a inoculé du flux dans des plaies, on en a insinué dans la jugulaire, on en a fait prendre dans des breuvages, dans des lavemens, et la maladie ne s'est pas déclarée.

Nous nous gardons de tirer une induction générale de pareils faits, encore en trop petit nombre; nous les donnons seulement comme des doutes qui doivent engager les personnes zélées à multiplier les expériences avec exactitude, pour décider une question qui importe aux intérêts de l'Etat et à celui des particuliers.

La police doit laisser subsister toujours les mesures relatives à la morve : il est prudent de la regarder comme contagieuse, jusqu'à ce qu'on ait rassemblé assez de preuves du contraire ; jusque-là on doit appliquer à la morve ce que nous avons dit sur la contagion de la peste.

§. V.

De la Pousse.

Cette maladie peut être comparée à l'asthme de l'homme; dans un cheval non poussif, qui exécute l'expiration, les muscles abdominaux se contractent par degrés, et diminuent successivement la capacité du ventre. Dans le cheval poussif au contraire, dès que l'inspiration finit, les muscles abdominaux exécutent une contraction subite ou plutôt une espèce de chute convulsive, restent un instant sans mouvemens, et achèvent enfin le resserrement de la capacité abdominale. C'est ce qu'on a l'habitude de désigner sous les noms de *contre-temps, soubresault, expiration en deux temps.*

Si l'on comprime la trachée-artère, on sent qu'elle est molle, et le cheval fait entendre une toux de foiblesse.

Dans la pousse qui n'est point compliquée d'autre maladie, l'ouverture du cadavre fait voir seulement le poumon d'une tissure foible ; il est très-

très - léger, il revient incomplètement sur lui-même, et reste en quelque sorte plein d'air.

Les chevaux poussifs sont moins propres au travail; il faut qu'il soit modéré, autrement la bête seroit trop souffrante et ne dureroit pas long-temps.

§. VI.

De la Courbature.

Ce mot, passé du langage vulgaire dans la médecine, désigne, dans l'acception du public, une affection vague, commençante, et particulièrement un embarras des organes respiratoires, ou digestifs.

A cause du vague de l'expression, l'application pourroit être susceptible de difficultés; mais, pour notre objet, qui est la garantie pendant deux ou 24 heures seulement, nous pensons qu'on peut, sans inconvéniens, comprendre sous le nom de courbature les inflammations de la poitrine et celles du bas-ventre, particulièrement leurs suites qui sont des tubercules dans le poumon, dans le foie; des points d'induration mêlés d'abcès dans le poumon, dans le mésentère; c'est aussi quelquefois une hydropisie, etc.

Cette affection vient rarement d'une manière lente; elle est le plus souvent la suite de maladies aigués, et sur-tout de maladies répercutées; l'animal vit plusieurs mois, plusieurs années, s'il est ménagé; mais il est à peine capable d'un service modéré. Les marchands le laissent bien reposer et ne lui donnent que des alimens légers, et en petite quantité, avant de le présenter au marché. Si l'on exige de ce cheval un service au delà de ses foibles moyens, des lésions nouvelles compliquant bientôt les lésions anciennes très-graves, sa mort est très-prompte.

Le cheval étant bien reposé, s'il y a moins de dix expirations, ou plus de vingt-cinq par minutes (1), si l'animal est maigre ou bouffi, s'il a la tête lourde, s'il a la peau sèche, le poil terne, la peau adhérente aux os, si les crins s'arrachent facilement, s'il marche avec roideur, s'il sue spontanément ou à cause d'un exercice très-léger, la coïncidence de ces symptômes doit faire juger la courbature.

§. VII.

Ulcères et Fistules.

Nous nommons ulcère toute solution de con-

(1) Nous avons vu des chevaux qui n'avoient guère que 7 expirations par minute. Les minutes étant de 60 à l'heure et le jour de 24 heures.

tinuité avec quelque caractère qui empêche le mal de tendre à la cicatrice.

Les ulcères dont les bords sont plus étroits que le fond s'appellent fistules. L'animal travaillant bien, se portant bien d'ailleurs, l'ulcère n'ayant pas grande étendue, le mal est jugé léger par ceux qui ne savent pas en estimer la gravité. Le plus souvent, dans un marché rapide, on ne fait pas attention à ces accidens; cependant il en est qui durent toute la vie, ou si la matière s'en supprime, qui donnent lieu à des maladies internes souvent mortelles.

L'art ne guérit la plupart de ces ulcères, qu'en ayant recours à des opérations graves; le traitement est long et coûteux, et quelquefois, quand la cicatrice se fait, une autre maladie consécutive commence. Les ulcères du vagin et de la matrice sont réellement difficiles à appercevoir : il est vrai qu'ils sont rares.

Les fistules les plus fréquentes se remarquent sous la langue, en dedans ou en dehors de la bouche ; dans les gencives avec carie des dents et puanteur considérable. Dans quelques cas, les alimens restent accumulés sous la langue ou entre les mâchoires et les joues, s'y décomposent et produisent une infection pareille.

On voit encore de ces fistules à la nuque, au garrot, à quelques articulations, au poitrail, aux mamelles, au scrotum, à l'anus, au pied dans un des cartilages latéraux, etc.

Les seimes ou divisions de l'ongle doivent aussi être réputés de la même classe.

Les vendeurs tâchent de cacher quelques uns de ces défauts avec de la boue, du cambouis, ou quelque partie du harnois, quelquefois après avoir empli de coton la fistule.

On doit de même comprendre ici dans la garantie la section du canal qui conduit la salive de la glande parotide dans la bouche. Quelques grains d'avoine ayant remonté de la bouche dans ce canal, on a vu des palefreniers mal-adroits inciser sur ces corps étrangers pour les extraire. La salive s'épanche alors par jets au dehors; il s'en échappe dans un repas, pendant la mastication, plusieurs litres dont la perte rend incomplète l'imprégnation des sucs salivaires par les alimens; ce qui nuit à la digestion.

§. VIII.

Des Eaux aux jambes et du Crapaud.

Les chevaux sont sujets à un écoulement de sérosité fétide, quelquefois sanieuse, dont le siège est toute la partie inférieure des membres au dessous du genou et du jarret. Par suite de cet écoulement, il se forme des crevasses, des ulcères à diverses parties; l'ongle lui-même n'est pas exempt de participer à cette affection; quelquefois l'ulcère se borne à la sole qu'il désorganise, et c'est ce qu'on nomme crapaud. Il est des sujets et des circonstances où ces affections sont graves.

Quand les membres sont très-engorgés, quand il y a claudication, le cas est trop apercevable pour qu'il y ait lieu à la garantie; mais, quand l'écoulement est léger, qu'il est au pli du paturon; quoique considérable, quand il est dans la fourchette, l'acquéreur, dans un examen souvent très-peu détaillé, ne s'en aperçoit pas. Nous pensons qu'il faut lui accorder deux ou 24 heures pour demander la rédhibition.

§. IX.

Des Polypes et des Poireaux cachés.

Les polypes dans les naseaux, le vagin ou le rectum, les poireaux dans le fourreau du membre doivent entrer dans la courte garantie.

§. X.

Du Trombus ou de l'une ou des deux veines jugulaires détruites.

Dans la saignée, si l'ouverture a été mal faite, ou si les tissus ont ensuite été tiraillés à l'endroit de l'ouverture, ils s'engorgent, la circulation ne se fait plus dans le vaisseau, l'engorgement se prolonge et devient très-dur, la jugulaire se détruit par la suppuration qui, quelquefois même désorganisant le vaisseau près du cerveau, produit dans cet endroit des ravages qui amènent la mort. Si l'on extirpe la tumeur, ou si on l'incise pour mettre à découvert cette espèce de fistule dans toute sa longueur, il arrive quelquefois que le sang reparoît par l'extrémité supérieure du vaisseau, et que faute, d'un homme de l'art attentif, la bête périt par la perte de son sang.

Si l'autre jugulaire n'existe plus, ces vaisseaux étant les principaux qui rapportent le sang de la tête au cœur, il peut arriver des apoplexies qui tuent ces animaux tout à coup.

Un trombus léger doit suffire pour causer la rédhibition dans le délai de deux ou de 24 heures.

§. XI.

Du Trachéocèle intérieur.

Dans des cas où l'air ne peut passer librement par la glotte, par les narines, ou l'arrière-bouche, l'animal est menacé de suffocation. L'art peut faire cesser le danger sur le champ, en faisant une ouverture à la trachée-artère près du larynx, à la partie antérieure du cou, et en y fixant un tube ;

l'air passe par cette ouverture jusqu'à la guérison des parties où il y avoit obstacle.

Quand cette opération est mal faite, les vaisseaux qui ont été divisés ou tiraillés poussent une végétation polypeuse, dont le volume peut à la longue remplir la capacité du tube. Il en peut arriver autant à la suite d'une fracture des cartilages de la trachée. Ce mal ainsi avancé est sans remède; il est très-rare, mais son importance mérite qu'on y fasse attention.

S'il y a une végétation, même peu considérable, de chairs à cet endroit, si un ou plusieurs cerceaux de la trachée se replient dans l'intérieur, ou si leurs extrémités sont distendues par une végétation, il y aura lieu à la rédhibition.

§ XII.

De la Langue coupée.

Quand la langue a été coupée dans son milieu, ou seulement un peu profondément, elle ne peut plus remplir la fonction de diriger les alimens solides pour leur faire éprouver l'action des dents. On a vu des animaux, dans ces cas, être réduits à ne vivre que de bouillie qu'ils ne pouvoient même prendre seuls.

Il en résulte une sujétion bien grande, et bien

inattendue pour un acheteur qui n'avoit pas apperçu ce défaut.

CHAPITRE V.

ORDRE A SUIVRE POUR DISTINGUER LES CAS RÉDHIBITOIRES DE COURTE GARANTIE DU CHEVAL, DE L'ANE ET DU MULET QUE L'ON NE RECONNOIT QUE DANS L'EXERCICE.

Ils vont être décrits, comme les précédens, dans l'ordre suivant lequel l'acheteur doit les observer.

§. I.

De l'Eparvin sec.

L'éparvin sec est une affection de l'un des membres postérieurs, ou des deux en même temps. Il consiste dans une fléxion convulsive beaucoup trop grande, trop brusque, que fait le membre lorsque le cheval est reposé, et qu'on le met en mouvement. C'est dans les premiers pas qu'il faut observer le défaut; car il disparoît dès que le cheval est un peu échauffé; il est même prudent d'observer le premier mouvement que fait le cheval, quand il est encore à sa place, et qu'on l'emmène; mais, s'il est échauffé quand on le vend, il faut donner à l'acheteur le temps de le voir reposé.

§. II.

De la Surdité.

Sera réputé sourd tout cheval, âne, mulet, qui ne se mettra pas en mouvement lorsqu'on le commandera de la voix, et qu'on fera en même temps claquer le fouet derrière lui.

§. III.

Du défaut d'être Borgne ou Aveugle.

Sera réputé aveugle rédhibitoire tout animal qui, lorsqu'on cessera de le conduire, ira se heurter contre les objets environnans, comme les arbres, les murs, etc. Il sera jugé borgne, s'il se heurte de même, quand on lui aura mis un bandeau sur un œil. Cependant si la cornée ou le cristallin avoit une teinte bien différente de celle que réfléchit ordinairement le fond de l'œil, le défaut seroit très-apercevable, et il n'y auroit pas lie à la rédhibition.

§. IV.

Du Tremblement momentané du cou, des jambes, etc.

C'est un cas très-rare. Dans le cheval trembleur marchant au pas, au lieu que le membre se porte franchement en avant, il se balance plusieurs fois d'un côté à l'autre, il décrit quelques zigzags pendant qu'il est en l'air. Le tremblement est moindre quand le cheval est échauffé, et même on ne s'en apperçoit pas.

§. V.

De la Claudication ou boiterie par intervalles.

Il est des claudications qui disparoissent dans un exercice un peu continué, et qui se reproduisent quelque temps après; l'affection existe alors dans les tendons, les ligamens capsulaires, les abouts des os, à quelques unes des articulations d'un des membres, le plus souvent à la suite de quelque distension.

Les marchands ont l'adresse de faire exercer ces sortes de chevaux, avant de les présenter au marché, et de les vendre pendant qu'ils sont ce qu'on appelle échauffés, c'est à-dire, dans le moment où la transpiration de la partie a beaucoup diminué la douleur.

Il en est d'autres qui paroissent droits étant reposés, et qui deviennent boiteux au bout d'une heure d'exercice; pour ceux-là, les marchands se gardent bien de les exercer avant de les vendre.

Il est rare cependant, dans l'un et l'autre cas, que la claudication disparoisse totalement, et qu'il n'en reste pas assez, pour que l'œil exercé ne la distingue.

§. VI.

De l'Immobilité.

Par immobilité on entend seulement ici la grande difficulté, ou même l'impossibilité de reculer : les mouvemens de côté sont aussi très-pénibles au *cheval immobile;* quand il est en repos et debout, il place ses pieds antérieurs l'un devant l'autre, ou même les croise, et telle est sa position favorite.

Si même on croise les extrémités, il ne les décroise pas.

Les chevaux atteints de cette maladie se défendent, quand on les presse de reculer, quelques uns s'emportent dans les premiers instans du travail. Il est des momens où le mal est moins considérable. Le cheval immobile est incapable d'un bon service, et il expose quelquefois la personne qui s'en sert.

Mais il suffit de deux ou de vingt-quatre heures pour reconnoître ce défaut; et dès qu'il est un peu sensible, le cas doit être rédhibitoire.

§. VII.

Du défaut d'être rétif, ombrageux, ou de refuser le service.

Il en est qui, dans des instans, s'obstinent à

rester en place, ou à se porter vers un lieu, qui n'est point celui vers lequel le conducteur le dirige.

D'autres, sur-tout des chevaux, sont peureux, ombrageux, se jettent de côté, dès que quelque chose les surprend.

On voit des animaux adultes qui refusent le service auquel ils semblent propres (1).

Tous les cas se rencontrent et sont assez graves pour jouir de la courte garantie.

§. VIII.

Du Cornage et Sifflage.

C'est une espèce de râlement ou de sifflement que produit la collision de l'air au moment où il entre par les conduits de la respiration. C'est toujours en inspirant que l'animal fait entendre ce bruit.

La cause de ce défaut, quand il n'est pas dépendant d'un autre, est l'étroitesse de la glotte, et l'atonie de ses ligamens.

---

(1) Mais il faut distinguer si ce refus vient d'un malaise passager ou d'un vice permanent. Nous avons vu des chevaux refuser opiniâtrément le collier ou la bricole, parce qu'ils étoient *ferrés trop juste* des deux pieds de devant. Quand on leur eut pratiqué à l'un et à l'autre une *ferrure aisée*, on les vit donner dans le collier ou la b icole avec franchise.

La compression de la trachée, par le collier, par la sous-gorge, produisent aussi le sifflage et cornage. On voit même des chevaux corner et siffler seulement parce qu'ils sont bridés trop court. Si ces derniers obstacles se joignent au cornage produit par une affection intérieure, l'animal est en danger de suffoquer, particulièrement si on l'exerce un peu vivement.

Pour que l'animal corneur dure long-temps, et qu'il souffre moins, il faut le faire servir à un travail modéré.

Il est des cornages momentanés et symptomatiques qui disparoissent avec la maladie dont ils dépendent (1).

La plupart des chevaux corneurs ou siffleurs ne font bien entendre le bruit, que dans un exercice un peu vîte. Les marchands de chevaux dérobent quelquefois la maladie à la connoissance de l'acheteur, en ayant l'attention de faire monter les chevaux par des personnes qui sont dans leurs intérêts, donnant la consigne de ne faire prendre le trot, que quand l'animal est hors de la portée de l'oreille de l'acheteur, et de le laisser reposer ou de le ramener doucement, avant qu'ils

---

(1) Comme il est des chevaux corneurs qui périssent, non du cornage ou sifflage, mais de l'autre maladie avec laquelle le cornage existe.

arrivent à la personne. Ce défaut a quelque chose de grave, mais il suffit d'un délai très-court, pour que l'acheteur l'apperçoive ; il suffit même qu'il monte le cheval, qu'il le fasse monter par quelqu'un de confiance, ou qu'il le fasse trotter tout près de lui.

Cependant, afin d'ôter toute occasion de surprise, nous pensons qu'il est juste de comprendre ce défaut parmi ceux qui jouissent de la courte garantie.

§. IX.

Du défaut d'être souffleur ou gros d'haleine.

On ne reconnoît aussi ce défaut que dans l'exercice ; mais, au lieu du râlement, du sifflement du cheval corneur ou siffleur, celui-ci est pris d'un battement extraordinaire de flancs; au moindre exercice, il fait entendre un bruit confus, montre un essoufflement si violent, qu'on croiroit qu'il va suffoquer, particulièrement en montant un coteau. Les mouvemens des flancs redeviennent réguliers dans le repos; l'animal est impropre aux travaux prompts, et sur-tout aux courses rapides ; et, si l'affection est portée à un degré considérable, on est obligé de lui laisser reprendre haleine très-souvent.

§. X.

De la Faim-valle.

C'est un besoin fréquent d'alimens, en conséquence duquel l'animal refuse tout service jusqu'à ce qu'il soit satisfait.

Après avoir mangé peu ou beaucoup, il reprend le travail.

Ce défaut est aussi très-rare; mais, quand il se rencontre, il est incommode, en ce qu'il faut avoir sur-le-champ quelque aliment à donner à l'animal.

Le vice ne se déclarant qu'après un certain temps d'exercice, il est nécessaire d'y soumettre l'animal pendant une heure au moins.

§. XI.

Des Coliques.

Il est des chevaux qui sont attaqués de diarrhées (qui *se vident*, suivant l'expression commune) au moindre exercice; d'autres qui ont des coliques qui reviennent à certaines périodes; il en est même qui tiennent à des lésions intérieures assez graves. Les coliques ordinaires, qui font souvent périr des animaux, ne se déclarent que certain temps après le repas, soit qu'il ait été trop considérable, ou que l'animal ait pris des alimens dangereux, ou bien encore, quand on lui a fait faire de l'exercice à contre temps. Ainsi, dès qu'un cheval se débat, frappe des pieds antérieurs contre le sol, se roule, qu'il est attaqué de diarrhées, il doit être repris par le vendeur ; mais pour la plupart des espèces de coliques, il ne faudroit accorder que deux heures pour l'action, dans la crainte que ces accidens ne viennent du fait de l'acheteur.

CHAPITRE VI.

CAS RÉDHIBITOIRES POUR LE CHEVAL ET LE MOUTON

§. Ier.

De la Gale et des Dartres.

C'est une éruption de petites pustules accompagnées de démangeaison : l'animal galeux trouve du plaisir à se gratter ou à être gratté très-souvent.

La quantité de la liqueur que les pustules contiennent fait distinguer la gale en sèche et en humide.

Cette maladie se communique, non seulement aux animaux de la même espèce, mais encore à ceux d'espèces différentes.

Elle n'est pas rare dans le cheval ; elle est plus fréquente dans le mouton, et sur-tout plus rebelle dans le chien.

Celle qui affecte la crinière du cheval s'appelle

roux vieux,

roux vieux; celle du nez et des lèvres du mouton, *mauvais-museau*, *givrogne*.

Celle qui affecte les animaux maigres, et surtout les endroits où la peau est adhérente aux os, est plus difficile à guérir.

La gale qui attaque le mouton au corps fait détacher la laine par espèces de mèches.

Les pustules des dartres sont plus petites, plus rassemblées; la peau est plus épaisse, plus dure que dans la gale. La tête du cheval est la partie qui y est le plus sujette; le poil a tombé d'espaces en espaces, et l'on voit à ces endroits la peau chagrinée ou couverte d'une matière poudreuse.

La gale et les dartres invétérées sont graves, en ce qu'elles sont difficiles à guérir; mais alors elles sont très-faciles à appercevoir.

L'indulgence du législateur peut le porter à placer cette maladie avec les cas qui donnent lieu à la rédhibition; mais ce ne doit être que dans le délai de la courte garantie.

CHAPITRE VII.

CAS RÉDHIBITOIRES POUR LE TAUREAU, LE BOEUF ET LA VACHE.

§. Ier.

Rappel des cas qui leur sont communs avec d'autres espèces d'animaux.

Le charbon. *Voyez* 4e. part., chap. I., §. I.

La méchanceté. — 4e. part., chap. II., §. II.

Ces deux cas auroient huit jours de garantie.

L'épilepsie ou mal caduc. *Voy*. 4e. part., chap. II. §. I.

La rage. — 4e. part., chap. I., §. II.

Ces deux cas auroient quarante jours de garantie.

La pommelière n'est que pour la vache laitière, et n'auroit que deux ou 24 heures; voici la description de cette maladie.

§. II.

De la Pommelière.

Cette maladie est particulière aux vaches laitières, entretenues dans des étables sales, humides, mal aérées; traites plusieurs années de suite sans leur faire rapporter de veaux, et nourries abondamment le plus souvent d'alimens acides, résidu de la bière, de l'amidon, etc.

Leur peau est sèche, adhérente aux os, leur poil est terne, piqué, hérissé; leur lait manque de qualité; mais sa quantité est d'autant plus grande que les autres excrétions sont moindres. Ces vaches donnent souvent des signes de rut. Leur respiration est courte; elles ne sont plus susceptibles d'être engraissées; elles périssent, si on cesse de les traire, et ne donnent à la boucherie que de la viande de mauvaise qualité. Au moindre voyage qu'on leur fait faire, à la moindre contrariété qu'on appor aux habitudes de leur régime, elles contractent des maladies aiguës, sur-tout la péripneumonie qui les fait périr en peu de temps. Les poumons sont les organes où existent principalement les ravages. Obstructions, hydatides, tubercules, ulcères, pus sanieux et livide; tels sont les principaux désordres qu'ils présentent.

Cette maladie est la manière dont finissent la plupart des vaches en assez grand nombre, qui sont sacrifiées par les nourrisseurs à fournir le lait nécessaire à la consommation des grandes villes.

Aussi ne la connoît-on pas dans les endroits où les vaches font des veaux, sont nourries en plein air et en liberté.

Il est intéressant du moins que les nourrisseurs achètent des bêtes exemptes d'une maladie qu'elles n'auront que trop tôt.

Il nous paroît donc juste de la mettre au nombre des cas qui jouissent de la garantie pendant deux ou 24 heures; mais comme il n'est pas raisonnable d'exiger qu'un nourrisseur vende une bête saine à un autre nourrisseur, il nous semble qu'on ne doit faire peser la garantie que sur le marchand, qui ne doit amener que des vaches neuves ou qui n'ont point encore subi le régime qui donne la maladie.

*

CHAPITRE VIII.

CAS RÉDHIBITOIRES POUR LES MOUTONS.

§. Ier.

Rappel de ceux qui leur sont communs avec d'autres espèces d'animaux.

La rage, 4e. part., chap. Ier., §. II; elle auroit quarante jours de garantie.

Le charbon et les maladies pestilentielles auroient huit jours. *Voyez* 4e. part., chap. Ier., §. Ier.

La gale et les dartres, qui seroient dans la courte garantie, 4e. part., chap. VI.

Nous allons donner, dans les deux paragraphes suivans, la description du tournis et du claveau.

§. II.

Du Tournis.

Le mouton attaqué du *tournis* est appelé *lourd*, par quelques bergers. La maladie consiste dans un tournoiement, toujours du même côté, par intervalles, que l'animal exécute sur-tout quand il se trouve séparé du troupeau.

Elle se déclare, à compter de l'époque où les agneaux commencent à aller aux champs, jusqu'à ce qu'ils aient atteint leur troisième année.

On voit des moutons tourner à la suite d'un coup de soleil, et cesser, dès que les effets de cet accident sont dissipés.

D'autres tournent, parce qu'ils ont dans les naseaux des larves de la mouche nommée *œstre*, qui leurs causent aussi des ébrouemens fréquens.

Le tournis périodique qui nous occupe ici est le résultat d'une lésion permanente. C'est une petite poche membraneuse, remplie de sérosité, qui existe dans l'un des ventricules du cerveau, ou dans tous les deux, ou seulement sous la pie-mère ou petite meninge. Cette vésicule est un animal que l'on nomme *tenia globuleux*. Ce ver est gros quelquefois comme un petit œuf de poule. Le crâne s'amincit peu à peu à l'endroit répondant au vers, et finit par se trouer, si la mort du mouton n'arrive pas auparavant.

Les pâturages un peu humides, diminuant la force vitale du mouton déja foible par sa nature, favorise l'évolution de ces vers; si l'humidité étoit plus considérable, elle produiroit la cachexie aqueuse, nommée vulgairement pourriture dans le mouton. On a fait bien des fois l'extraction du ver par le trépan , ou sa ponction par le trois-quarts, sans qu'on ait obtenu de succès. Ce pendant cette maladie ne cause de perte un peu considérable que pour l'espèce des moutons *mérinos* ou espagnols, dont le prix est aujourd'hui depuis 200 francs jusqu'à 4 et 500. Il nous paroît nécessaire d'accorder quarante jours de garantie pour le tournis des moutons *mérinos*.

§. III.

Du Claveau.

Le claveau est une maladie particulière aux moutons, et consiste dans une éruption de pustules analogues à celle de la petite vérole de l'homme. Il est le plus souvent bénin, c'est-à dire que la maladie est légère, ou que les animaux n'en sont que très-peu incommodés. Il se déclare à peu près le quatrième ou cinquième jour après la communication. Il parcourt ses périodes en quinze ou vingt-cinq jours dans chaque individu, et en deux mois et demi, trois mois, dans le troupeau.

Le caractère de la maladie dépend de la disposition des sujets qui en sont attaqués. Le claveau bénin communique quelquefois le claveau malin, et réciproquement.

Il suffira qu'un seul animal soit attaqué de la maladie, pour donner lieu à la rédhibition de toute la bande, ou de tout le troupeau.

On a déjà un certain nombre d'expériences en faveur de la préservation du claveau, par la vac cination. Quelques centaines de moutons ont été vaccinés par diverses personnes, en différens lieux; on leur a ensuite inoculé le claveau; on les a fait habiter avec des claveleux, sans qu'ils aient gagné la clavelée.

CHAPITRE IX.

CAS RÉDHIBITOIRES POUR LE COCHON.

§. Ier.

Rappel de ceux qui lui sont communs avec d'autres espèces d'animaux.

La rage. *Voyez* 4e. part., chap. Ier., §. II; elle auroit quarante jours de garantie.

Nous allons traiter du charbon du cochon, ou de *la soie*, qui auroit huit jours de garantie, et de la ladrerie, qui n'auroit que deux ou 24 heures.

§. II.

De la Soie.

C'est une espèce de charbon particulier au cochon. On le reconnoît à 12 ou 15 soies qui sont hérissées, droites, roides, ternes, à un des côtés du cou; le point de la peau où elles sont implantées est enfoncé, noir dans les cochons blancs, mortifié dans la largeur et la profondeur de plus d'un centimètre, (un demi pouce).

Les autres symptômes, les altérations, et les dangers qu'on observe dans la soie, sont semblables à ceux dont nous avons parlé à l'article du charbon.

Ce sont les mêmes raisons pour la garantie, et ce doit être la même durée.

§. III.

De la Ladrerie.

La ladrerie est une maladie particulière au cochon. Elle consiste dans des vésicules pleines d'une sérosité limpide, dans laquelle il existe un petit corps blanc et épais.

Les plus apercevables, dans l'animal vivant, sont sous la langue, des deux côtés du frein ; ils sont en petit nombre dans quelques sujets, et très-multipliés dans d'autres.

On a reconnu que ces vésicules ne sont autre chose que des vers, et on les appelle *vers de ladrerie*, espèce de *vers hydatigènes*, de *tenia globuleux*.

Dans les animaux sacrifiés, on les trouve dans les chairs, sur-tout aux endroits qui ont une certaine mollesse, où le tissu cellulaire est très-abondant, comme dans les interstices des muscles, etc.

Les chairs sont maigres et décolorées; le lard a moins de consistance; l'un et l'autre se laissent mal pénétrer par le sel, et, restant remplies de sérosité, se corrompent très-facilement.

La chair, mise à cuire dans l'eau, surnage d'abord, et ne tombe au fond qu'après avoir laissé échapper des bulles d'air, et avoir rendu trouble le liquide. Cuite, elle est dure, coriace, fade, ou insipide; cependant elle est seulement peu nourrissante, mais n'est point malfaisante, quand elle n'est pas corrompue.

L'augmentation des vésicules en nombre et en volume, l'altération de la limpidité de leur sérosité, marquent les progrès de la maladie. Ordinainairement on ne lui donne pas le temps de se développer à un très-haut degré; on tue l'animal, ou on le vend, quand elle n'est pas encore très-avancée.

Mais il est des symptômes qui accompagnent l'apparition des vésicules, et qu'il est important de reconnoître. La peau est dure, épaisse, très peu sensible; la membrane intérieure de la bouche et la conjonctive sont très-pâles; l'animal est languissant, foible, et marche avec difficulté; il est rarement maigre, mais il est bouffi plutôt que gras. Les soies sont ternes, et s'arrachent facilement; l'air expiré a une odeur aigre-fade; les épaules sont écartées ; enfin la croupe est embarrassée et comme paralysée, etc.

Les causes qui développent cette maladie dans les cochons sont le défaut d'alimens, ou des alimens corrompus, le défaut ou l'excès d'exercice, mais sur-tout les habitations humides, mal aérées, qu'on ne cure pas, dont on ne renouvelle pas la litière : la propreté, jointe à des alimens sains, l'empêcheroit de naître.

Il y a, dans quelques endroits, des experts *langueyeurs*, pour visiter les cochons. Ils les abattent; une personne les tient assujétis ; passent un bâton entre les deux mâchoires pour les écarter, et saisissent la langue avec un morceau de linge ; ils en font ainsi l'inspection; mais elle est quelquefois trompeuse, soit que les vésicules soient trop au fond de la bouche, ou qu'elles aient été extirpées: les *langueyeurs* s'excusent alors, en disant que l'animal étoit dans *la difficulté*.

Quand la maladie est à un très-haut degré, les vendeurs la déclarent, et ne vendent qu'aux charcutiers, afin que le débit de la chair se fasse pendant qu'elle sera fraîche. La perte est alors estimée à un quatrième du poids spécifique de l'animal.

APPENDIX.

CHAPITRE UNIQUE.

DE LA NÉCESSITÉ D'INSCRIRE CHAQUE VENTE DE CHEVAL, ANE OU MULET, SUR UN LIVRET, POUR ÉTABLIR LA BONNE FOI, SUR-TOUT DANS LE COMMERCE DES CHEVAUX.

Parmi les contestations, les difficultés, les désagrémens qu'on observe dans le commerce des animaux, il est bien notoire que c'est dans celui des chevaux qu'on les voit en plus grand nombre. Mais, si l'on fait attention aux chevaux qui excitent le plus souvent le repentir des acheteurs, il est remarquable que c'est moins à cause de quelques vices rédhibitoires, que parce qu'ils ne peuvent faire qu'un mauvais service, étant ruinés avant d'être adultes, portant diverses marques d'usure, ayant les pieds très-sensibles, et boitant au plus léger travail, étant sans énergie, sans force, emportés et ramingues, etc., par la douleur de quelque partie, ou par défaut absolu de moyens.

Comme leur entretien n'est pas moins coûteux

que si c'étoient des chevaux forts, nets, et capables d'un bon service, les propriétaires qui viennent de les acheter, ne tardant pas à les juger désavantageusement se pressent de s'en défaire.

En général, on peut présumer mauvais, tout cheval qui a passé par beaucoup de mains, par cela même qu'il n'a convenu à personne. Le point qu'il semble donc important de connoître est cet espèce de renvoi d'un acheteur à un autre. Or, nous croyons en avoir trouvé le moyen. Il fait partie d'un autre travail entrepris avec notre collégue le citoyen Chaumontel, sur une autre partie de l'économie publique, qui tient à l'art vétérinaire.

Nous allons rapporter ici la partie de l'établissement des livrets, qui est relative aux moyens de rappeler la bonne foi dans le commerce des chevaux.

Tout propriétaire de chevaux auroit, pour chacunun, livret, c'est-à-dire une feuille de papier timbré, sur laquelle le signalement, et particulièrement les défauts un peu graves seroient inscrits par un homme de l'art, qui auroit mission expresse dans son arrondissement.

Chaque fois qu'un cheval seroit vendu, le vendeur seroit obligé de déclarer cette vente au maire du lieu du marché, ou à un commissaire de police, qui inscriroit cette déclaration sur un registre exprès et sur le livret du cheval.

Ce livret seroit remis à l'acheteur par le préposé, qui en donneroit une décharge au vendeur, et l'acheteur feroit inscrire son livret à la mairie de la commune de sa résidence, le vendeur feroit de même viser chez lui sa décharge du livret.

Quand il mourroit un cheval, le propriétaire en feroit la déclaration au maire, qui l'inscriroit au registre, et annuleroit le livret, en en donnant décharge.

Chaque acte inscrit au livret seroit toujours certifié conforme à un registre; et quand le livret seroit rempli ou usé, le maire du lieu transcriroit le signalement et la mention des défauts, en ayant soin de marquer combien l'animal auroit été vendu de fois précédemment.

Si un livret se perd, le propriétaire du cheval, pour en obtenir un nouveau, s'adresseroit au maire qui l'a transcrit le dernier, s'il le connoît, sinon il présenteroit deux répondans à son maire, qui chargeroit l'homme de l'art commis à cet emploi de faire un nouveau livret, en y faisant mention de tous les défauts, même légers, que l'animal peut avoir, et en ajoutant que le livret original a été perdu ce qui le rend suspect. Tout cheval possédé sans livret seroit confisqué.

Les propriétaires d'ânes et de mulets seroient tenus d'avoir pareillement des livrets comme pour les chevaux.

L'établissement des livrets, qui serviroient ainsi au maintien de la bonne foi dans le commerce, tient à d'autres vues non moins intéressantes, dont ce n'est pas ici le lieu de parler.

Avant de juger de l'idée d'établir les livrets, nous prions d'attendre les éclaircissemens que doit donner l'autre travail.

FIN.

TABLE
DES MATIÈRES.

Fin de la Table des Matières.

www.ingramcontent.com/pod-product-compliance
Ingram Content Group UK Ltd.
Pitfield, Milton Keynes, MK11 3LW, UK
UKHW020316180726
13839UKWH00001B/477

9 782329 586441